AF305813

DU MÊME AUTEUR

LA CONVENTION COLLECTIVE DE TRAVAIL

BIBLIOTHÈQUE NATIONALE — IMPRIMÉS

Collection **ACTION POPULAIRE**

LE DÉVELOPPEMENT

JURIDIQUE ET SOCIAL

DE LA

CONVENTION COLLECTIVE

DE TRAVAIL

PAR

Maurice EBLÉ

Docteur en droit

Secrétaire général du Secrétariat Social de Paris

" Editions Spes "

17, rue Soufflot, PARIS (V^e)

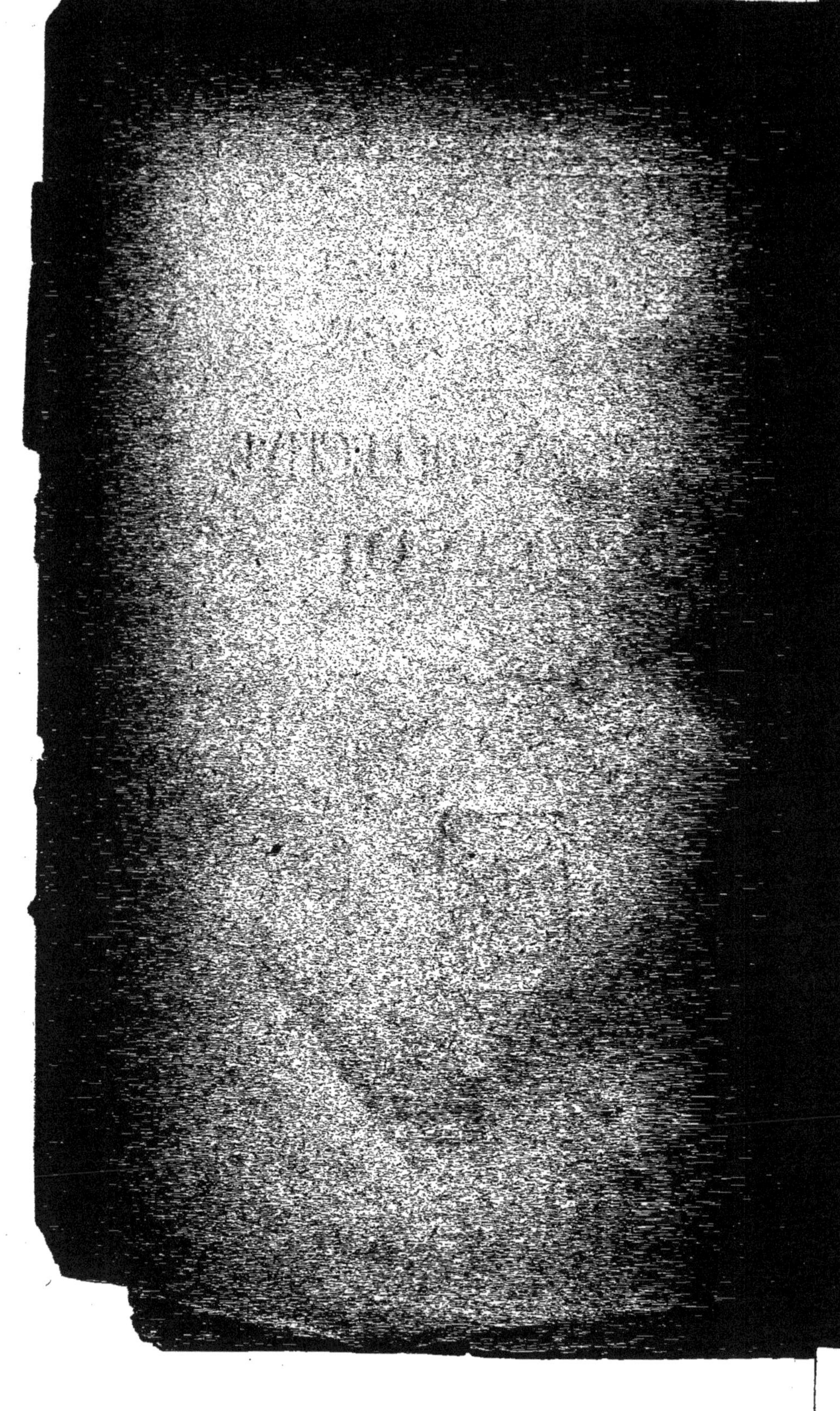

Le développement juridique et social
de la convention collective de travail

Mouvement social aboutissant à la loi de 1919
Loi du 25 mars 1919
Sens de l'évolution qui continue après la loi

Point de vue général

On ne saurait traiter de la convention collective de travail comme d'un problème aux termes arrêtés, comportant une solution nette et définitive. Sans doute, nous vivons sous l'empire d'une loi, celle du 25 mars 1919, et l'on pourrait se restreindre à commenter la loi. Il le faut faire, mais s'en tenir là ne procurerait qu'une idée incomplète de ce qu'est la convention collective. La loi, point central d'une pareille étude, ne marque qu'une étape importante d'un mouvement non arrivé à son terme.

C'est ce mouvement qu'il faut suivre. A ne considérer que la loi, comme une question entière et isolée, on n'en comprendrait ni l'esprit ni la portée, non plus que la raison des dispositions particulières qu'elle contient. Elle procède d'une certaine conception. Or, cette conception est une période d'une pensée qui évolue, en même temps que les événements sociaux.

Quels sont les termes de cette évolution ? Il semblerait que nous n'ayons à indiquer, en ce début, que le terme initial, pour arriver, à travers le développement historique, au terme final dans la conclusion. Au risque de rompre avec les règles d'une bonne composition, et par égard à cette règle suprême qu'est la clarté, nous croyons indispensable de transporter ici notre conclusion.

BIBLIOTHÈQUE NATIONALE R.F. IMPRIMÉS

1

La voici, sous bénéfice de preuve : Toute l'histoire — mouvement social, doctrine, législation, jurisprudence — de la convention collective représente un effort continu vers la réglementation professionnelle du travail. Réglementation : c'est-à-dire acte d'autorité; professionnelle : c'est-à-dire par les intéressés, pour le corps auquel ils appartiennent; du travail : c'est-à-dire de l'activité individuelle. Ainsi, des actes privés seraient soumis à des règles de droit public. Or, l'organisation sociale a été abolie par la Révolution, qui a renfermé toutes les règles des rapports économiques dans les Codes de droit privé : relations d'homme à homme. Tous les efforts qui tendent à rétablir dans ce domaine un droit public, un droit social, se produisent donc dans un cadre inapproprié : s'ils ne brisent le cadre, ils sont réduits à utiliser des règles de droit privé pour tenter de produire des effets de droit public.

C'est à un tel accommodement que s'est pliée la loi du 25 mars 1919; d'où un caractère hybride, qui explique les difficultés auxquelles se sont heurtés les législateurs et la complication de leur œuvre : ils ont voulu faire une réglementation de droit public sur le terrain et par le moyen du droit privé.

La convention collective ne reçoit son plein et logique développement que dans la réglementation professionnelle. Cette réglementation, on tend à la réaliser sans vouloir l'établir nettement; elle est la nécessité que l'on sent, et que l'on cherche à satisfaire dans de vieux cadres.

De là provient la complication de la loi, nous le verrons. Qui est engagé par la convention collective? On a gardé le souci de n'engager personne que de son consentement, de régler une situation générale (donc de tous — droit public) sans lier d'autres que ceux que lie un contrat de droit privé; sans lier chaque personne autrement que par le jeu habituel du droit privé.

Si l'on veut bien garder dans l'esprit cette antinomie foncière entre le mouvement observé et le cadre où il se déroule, on se tiendra, croyons-nous, au point de vue d'où la question apparaît la plus claire.

Un mot encore. Nous prétendons faire une étude objective; cependant, nous n'hésitons pas à affirmer que la solution du problème réside dans la réglementation professionnelle. C'est que cette solution est la seule logique, étant donné les termes dans lesquels on pose le problème : par la convention collective, on veut une détermination collective des conditions du travail. Libre à chacun d'admettre ou de rejeter le principe de la convention collective ; mais, le problème posé, il n'est pas d'autre solution.

Au demeurant, et pour ne point paraître nous dérober, nous devons déclarer que nous sommes favorable à la convention collective : il semble bien difficile aujourd'hui, averti par l'examen du monde économique, de défendre l'individualisme révolutionnaire et de méconnaître la nécessité de l'organisation sociale. Notre étude nous montrera des conversions retentissantes.

PREMIÈRE PARTIE

Évolution sociale vers la détermination collective des conditions du travail

---

A) LES FAITS

I. — Histoire de la convention collective jusqu'à la loi de 1919.

Le texte de la loi de 1919 a été présenté à la Chambre par un volumineux *rapport* (600 pages) de M. GROUSSIER (1), en date du 5 décembre 1912, qui est un véritable traité de la question : il constitue la source essentielle à laquelle il faut puiser.

Ce rapport débute par une histoire de la convention collective qui prend la question très largement ; car, pour suivre la réaction contre l'individualisme que représente cette histoire, il retrace les conditions générales dans lesquelles s'est exercé le travail depuis une date lointaine. Laissons l'évocation de l'esclavage et plaçons-nous à l'origine du régime contemporain.

Les bases de ce régime sont posées par les décrets-lois de l'Assemblée constituante — celui des 2-17 mars 1791 supprimant le régime corporatif, celui des 14-17 juin 1791 prohibant les associations professionnelles — et par le Code civil.

On a souvent remarqué que le Code civil, si minutieux à régler les formes et les effets des contrats, n'a consacré au louage des ouvriers qu'un seul article, l'article 1780 ; encore se réduit-il à une prescription : « On ne peut engager ses services qu'à temps ou pour une entreprise déterminée. » La pensée est apparente : en matière de travail, l'autorité publique de cette époque ne conçoit qu'un intérêt : garantir

(1) Chambre des députés, session extraordinaire de 1912, annexe n° 334.

la liberté politique, l'indépendance mutuelle des citoyens.

Si le Code civil s'est montré aussi sobre, c'est qu'il conti[nue] la tradition du législateur de 1791, qui se fiait à la liberté pour harmoniser les choses économiques. « Le législateur de 1791 — dit M. Groussier (p. 7) — s'est lourdement trompé en pensant que « l'anéantissement de toutes espèces de corporations (décret juin 1791) », que la liberté pour « toute personne de faire tel négoce ou d'exercer telle profession, art ou métier qu'elle trouvera bon (décret mars 1791) », allaient résoudre toutes les difficultés économiques léguées par l'ancien régime. »

Cet état anarchique suscite deux ordres de mesure : *règlement d'atelier*, qui supprime ou tout au moins [domine] la discussion des conditions du travail d'individu à individu et expose les conditions du patron — et ainsi se manifeste la nécessité des conditions collectives ; — *la législation du travail* qui fait intervenir l'Etat pour protéger la faiblesse de l'individu livré à lui-même : en 1841 commence une série de lois dont on peut dire qu'un grand nombre constituent la rançon de l'abstention primitive de la Loi qui avait proclamé la liberté sans l'organiser.

Mais, plus encore, cet état anarchique suscite la tension des ouvriers pour sortir de l'isolement et s'unir. Impuissants à discuter les conditions de leur travail, ils ne possèdent qu'une ressource : le refus de travailler. Encore faudrait-il qu'ils pussent se concerter : la grève est interdite. La force des choses l'emporte sur la force de la loi, et les coalitions se multiplient pour défendre ce que la loi Chapelier (loi de juin 1791) appelait de « prétendus intérêts communs ». La liberté de coalition est enfin accordée par la loi des 25-27 mai 1864 — droit en grande partie illusoire : la liberté de réunion, la liberté d'association n'existent pas, et qui forme un Comité de grève, il est poursuivi comme association illicite.

Cependant existaient depuis longtemps, non décrétées mais par tolérance, des Chambres syndicales patronales ; par tolérance également, les Chambres syndicales d'ouvriers sont admises à partir de 1868. De cette même année date la liberté

---

(1) Cet art. 1780 a été complété par une loi du 27 déc. 1890, qui pourrait assez exactement résumer ainsi : le louage de service fait sans détermination de durée peut toujours cesser par la volonté d'une des parties, sauf à entraîner des dommages-intérêts, que l'on estime en tenant compte des usages.

de réunion ; l'organisation permanente devient possible par la loi syndicale du 21 mars 1884.

Mais les Syndicats ne sont pas plus l'organisation professionnelle que les pierres ne sont une maison. On n'obtient rien de vivant qu'en harmonisant des fonctions diverses : « organisme », ce mot exprime la coordination de rôles variés, à qui la cohésion est procurée par le but commun. Réunir les mêmes intérêts n'est qu'une besogne préalable ; l'organisation, c'est l'agencement réciproque des divers intérêts.

La loi de 1884 ne suffit pas à ordonner les intérêts : elle rend l'opération possible. Avant même sa promulgation, les patrons et les ouvriers avaient cherché à conclure des accords. Le rapport Groussier en cite un certain nombre (pp. 41 et suiv.), passés entre des délégués patrons et ouvriers. Les patrons délégués représentent assez souvent quelque chose : une Chambre syndicale, une collectivité d'entreprises ; mais les ouvriers ? Ces conventions, significatives d'un désir d'entente, n'offrent aucun caractère légal ; aucun moyen de les faire respecter, autrement que par la grève. Ainsi, sous le régime du Code civil, impossible d'assurer des relations stables.

Anticipant sur l'examen de la jurisprudence, il faut citer ici un exemple typique. Les conseillers prud'hommes de Saint-Etienne avaient décidé, en 1875, de fonder entre fabricants et chefs d'atelier un Syndicat mixte ayant pour but de faire appliquer un tarif des prix de façon. L'année suivante, un fabricant manque à ses engagements ; l'Union lui inflige une amende de 3 francs, qu'il refuse de payer ; l'Union porte la question devant le Tribunal civil de Saint-Etienne, qui la déboute avec ce considérant :

Attendu que de cet ensemble de stipulations il résulte que l'ouvrier n'est plus libre de discuter ses salaires et le patron ses prix ; qu'entre eux se place un Syndicat qui ne connaît que la volonté de la majorité des membres de l'Association, qui en publie les résolutions et qui les fait exécuter ; que les ouvriers et les patrons de l'Union stéphanoise ne sont pas seulement les uns vis-à-vis des autres, mais encore vis-à-vis des tiers ; qu'ils ne peuvent traiter qu'en se conformant aux tarifs fixés par le plus grand nombre et dans des conditions de maximum et de minimum qu'il serait impossible de prévoir et qui sont susceptibles de varier à l'infini ; qu'ainsi leur liberté individuelle est aliénée au profit de la majorité s'ils n'en font partie, et qu'une telle convention, qu'elle soit à terme ou indéfinie, est absolument nulle parce qu'elle est contraire aux règles de l'ordre public (1).

(1) dans *Rapport Groussier*, p. 46.

Contraire à l'ordre public! Ne pas s'entendre avant conflit, cela procure l'ordre public! Et si l'on s'entend, ne pouvoir faire respecter l'accord que par la grève, c'est de l'ordre! Combien le fétichisme de la liberté apparaît contraire à la vraie liberté!...

On conçoit que, la loi de 1884 survenant, l'éducation du monde industriel ne le prédispose pas à utiliser l'organisation syndicale pour régler pacifiquement les rapports réciproques des patrons et des ouvriers. On n'a guère pratiqué jusque-là que la grève comme moyen de discussion. C'est sur le terrain de la grève bien plus que sur celui du Syndicat que vont se développer les premières conventions collectives légales. Dans les rapports entre patrons et ouvriers, le Syndicat est l'instrument, la convention collective est l'acte. L'acte, en l'absence de l'instrument, n'a jamais été perdu de vue; on essayait de le produire par le moyen de la grève. L'instrument étant créé, on n'a pas l'habitude de s'en servir, et l'on use des moyens familiers.

Presque toutes les conventions que l'on connaît, dans les années qui suivirent immédiatement 1884, furent conclues après grève. La loi syndicale les rendait légales, elle les facilitait, mais ce n'est pas elle qui les provoquait.

Dans ces conditions, une législation relative à la grève devait avoir sur le développement des conventions collectives une influence plus directe que la loi syndicale. En effet, le développement des conventions date surtout de la loi du 27 décembre 1892 sur la conciliation et l'arbitrage. La conciliation est constatée par un procès-verbal, qui n'est autre chose, la plupart du temps, qu'une convention collective. Cette procédure devait donc normalement multiplier les accords. Elle le fit d'autant mieux que le juge de paix avait mission de s'y employer. Elle le fit surtout, nous semble-t-il et selon les termes de M. Groussier, « par la reconnaissance d'une représentation légale des groupements inorganiques ».

Ceci vaut une explication. Pour contracter, il faut des contractants. Jusqu'en 1884, les contractants n'existaient pas; la loi du 21 mars les créa; mais ce qu'elle établissait, c'était des groupements organisés. Or, si les conflits du travail peuvent mettre en présence des groupements organisés, bien souvent ils se disputent entre masses inorganiques : les tisseurs d'une ville et les établissements, par exemple. Ces masses sans personnalité ne pouvaient conclure si une loi n'organisait la représentation des collectivités en lutte. Ce que fit la loi de 1892.

Ainsi, pour arriver à l' « acte », nous voilà en présence de deux « instruments » : le Syndicat, le groupe occasionnel. Suivant la remarque déjà émise, il était naturel, pour des raisons historiques, que ce nouvel instrument favorisât davantage que le premier le développement des conventions. Tous les deux d'ailleurs — le second forcément — peuvent produire l' « acte » sur le terrain des conflits; sur ce même terrain, la convention peut résulter aussi, en vertu de la loi de 1892, d'une *sentence d'arbitrage*.

Mais, l'organisation syndicale s'acclimatant, les « raisons historiques » perdent de leur importance, ou plutôt sont remplacées par d'autres raisons historiques. Le but essentiel du Syndicat — organiser la profession — finit par se dégager de l'incompréhension primitive et des déviations voulues. De plus en plus, il remplit son rôle, malgré tout, et règle les rapports entre les membres de la profession.

Aussi, beaucoup de conventions collectives se concluent-elles par l'intermédiaire des Syndicats, sans conflit ni menace de conflit.

C'est dans cette situation *de droit* que se trouvait la convention collective quand le Parlement fut invité à légiférer à son sujet. Un premier projet était déposé en 1906 par le Gouvernement; il ne fut pas discuté; un autre s'y substituait en 1910. Rapporté par M. Groussier, il était voté par la Chambre le 29 juillet 1913; mais il ne devait être adopté par le Sénat qu'après la guerre, pour devenir la loi du 25 mars 1919.

Statistiques. — Quelle était la situation *de fait* de la convention collective? Nous avons dit sur quels terrains, par quels instruments les conventions pouvaient se conclure. Quel était leur nombre, et à quelle catégorie appartenaient-elles?

Aucune statistique ne vient nous renseigner avant la loi de 1892; d'ailleurs, les conventions collectives sont rares; on en cite quelques-unes, plus notoires, telles la convention des Omnibus de Paris, en 1891, et les fameuses conventions d'Arras qui, de 1891 jusqu'à la guerre, remaniées maintes fois, soit après grève soit sans grève, résultat tantôt de la conciliation, tantôt de l'arbitrage, ont réglé les conditions du travail dans les houillères du Nord et du Pas-de-Calais (1).

(1) Le rapport Groussier contient toute l'histoire des conventions d'Arras; il cite également la convention des Omnibus. En dehors de

La loi du 27 décembre 1892 permet de trouver les pr[emiers] éléments d'une statistique dans les procès-verbaux de con[ci]liation des juges de paix et dans les sentences arbitrales.

A partir de 1910, le *Bulletin du ministère du Travail* en[re]gistre toutes les conventions qui lui sont connues par de no[m]breuses sources d'information. Les formalités imposées par [la] loi de 1919 donnent maintenant la possibilité d'une stati[s]tique tout à fait exacte, du moins pour les conventions régu[]lières.

De 1892 à 1910, M. Groussier procède par coups de sonde et nous apporte les résultats de trois années (p. 143).

En 1893, sur 109 propositions de recours à la conciliation [et] 51 différends solutionnés par application de la loi de 1892, il app[a]raît que 25 conventions collectives de travail ont été signées apr[ès] grève, 2 sans grève, et que sont intervenues 7 sentences arbitral[es] acceptées par les parties.

Sur ces 34 conventions, 4 seulement paraissent être interven[ues] entre des Syndicats ouvriers et des patrons, 30 étaient signées par [des] délégués représentant des collectivités d'ouvriers. Il semble que [si] ces conventions ont été conclues sans détermination de durée [] 2 seulement se réfèrent à des conventions antérieures.

En 1900, sur 234 propositions de recours à la conciliation et [] 106 différends solutionnés par application de la loi de 1892, il [appa]raît que 57 conventions collectives ont été signées après grèves [et] sont intervenues 17 sentences arbitrales acceptées par les part[ies].

Sur ces 76 conventions, 5 paraissent être intervenues entre des [Syn]dicats patronaux et des Syndicats ouvriers, 4 entre des Syndi[cats] ouvriers et des délégués de patrons, 1 entre un Syndicat patronal [et] une collectivité d'ouvriers, et 66 entre des collectivités d'ouvriers [et] des patrons. 2 conventions sont indiquées comme conclues pour une durée de cinq ans.

En 1905, sur 246 propositions de recours à la conciliation et [sur] 134 différends solutionnés par application de la loi de 1892, il app[a]raît que 103 conventions collectives ont été signées après [grève], 8 sans grève, et que sont intervenues 7 sentences arbitrales acc[eptées] par les parties.

Sur ces 113 conventions, 14 paraissent être intervenues entre [des] Syndicats patronaux et des Syndicats ouvriers, 19 entre des Syndicats ouvriers et des délégués de patrons, et 80 entre des collectivités d'ou[]vriers et des patrons. 4 conventions sont indiquées comme conclues pour une durée déterminée et 7 se réfèrent à des conventions anté[]rieures.

celles-là, parmi les principales conventions, les principales senten[ces] d'arbitrage et les principales décisions des tribunaux qu'il contient, [le] rapport ne retient que deux conventions antérieures à 1892 : celle [des] blanchisseurs de la région parisienne (1891) et celle des tisseurs [de] Chauffailles (1889).

M. Groussier estime à environ 2.000 le nombre de conventions passées depuis la loi de 1892 jusqu'à la fin de 1911.

Le long espace écoulé entre le vote de la loi par la Chambre et sa discussion par le Sénat a permis au rapporteur devant cette assemblée, M. Strauss (1), de pousser la statistique complète plus loin que n'avait pu le faire M. Groussier, qui n'avait cette statistique que pour 1910 et 1911.

Joignons donc les chiffres de M. Paul Strauss à ceux de M. Groussier (2).

```
252 conventions en 1910
202     —       —  1911
104     —       —  1912
 67     —       —  1913
 81     —       —  1914 (1er janv.-31 juill.)
  1     —       —  1915
  4     —       —  1916
100     —       —  1917
 94     —       —  1918 (jusqu'au 1er oct.)
```

Les conventions se répartissent ainsi :

Application de la loi de 1892.

	1910	1911	1912	1913	1914	1915	1916	1917	1918
Après grève.......	73	104	50	38	35	»»	»»	»»	»»
Sans grève.........	8	13	7	4	4	»»	1	1	»»

Sans application de la loi de 1892.

	1910	1911	1912	1913	1914	1915	1916	1917	1918
Après grève.........	71	52	32	18	8	1	3	42	7
Sans grève.........	100	33	15	10	4	»	»	57	87

Les comparaisons entre périodes sont difficiles. La période antérieure à 1910 ne fait pas apparaître la proportion des conventions conclues en application de la loi de 1892 et sans application de cette loi ; on peut estimer que les conventions de la seconde catégorie sont peu nombreuses, d'après cet indice de simple probabilité : parmi les conventions dénommées, peu sont passées entre Syndicats ; il est probable que

(1) Sénat, session ordinaire de 1918, séance du 17 déc., annexe n° 199.

(2) Les chiffres de M. Strauss appellent eux-mêmes une correction, pour 1918 ; nous la recueillons dans le *Bulletin du Ministère du Travail* (août 1919, p. 165) :

135 conventions (au lieu de 100) en 1917 ;

257 conventions au total pour l'année 1918 entière.

Nous ne changeons pas les chiffres dans la statistique Strauss elle-même, ni dans du tableau qui y fait suite.

les Syndicats n'ont pas contracté beaucoup plus dans la seconde catégorie; or, celle-ci est précisément le principal domaine des groupements organisés.

Mais nous voyons dès 1910 se multiplier les contrats syndicaux en même temps qu'augmentent les contrats sans grève : 71 pour 100 des contrats, en 1910, sont signés par des Syndicats ouvriers, 42 pour 100 en 1911.

Si nous pouvions négliger l'influence de la guerre, nous remarquerions que les années 1917 et 1918 présentent un développement remarquable des contrats sans application de la loi de 1892, et que ces mœurs favorisent le développement des contrats sans grève. La conclusion serait prématurée, car une grande partie des contrats dénombrés — en gros, la moitié — ont été passés dans des usines de guerre; il n'empêche que la convention collective se montrait un instrument de rapports réguliers; puis la conclusion ne serait que prématurée : après la loi de 1919, nous verrons devenir très habituelles les conventions syndicales conclues de propos délibéré, sans que la loi de 1892 intervienne et avant tout conflit; ce n'est point d'ailleurs un effet de la loi de 1919.

II. — Le contenu des conventions collectives.

A prendre simplement les faits, et sans nous engager encore dans les considérations juridiques et doctrinales, il tombe sous l'observation que les conventions collectives se proposent de régler d'un commun accord les conditions générales du travail.

Elles n'ont pas pour objet un engagement de travailler ou de faire travailler; elles disent : Si je travaille ou si je fais travailler, ce sera à telles conditions. Conditions générales, comme celles du règlement d'atelier, mais débattues, et non imposées comme le règlement d'atelier. Par la convention collective, l'ouvrier cherche ce qu'il ne peut obtenir isolément : la discussion de ses conditions de travail. Et la collectivité traite non le cas particulier de l'ouvrier, mais le régime qu'appliquera le patron.

Si, d'ailleurs, la situation des ouvriers explique que la convention collective soit née de leurs efforts, on conçoit que, la période de lutte pour l'idée étant passée et l'idée de rapports collectifs acclimatée, les patrons puissent trouver intérêt à provoquer des accords qui sortiront de l'instabilité les conditions de leurs entreprises.

D'autant plus que la convention collective n'a pas pour seul

effet de déterminer les clauses auxquelles devront satisfaire
les contrats de travail particuliers conclus entre tel patron
et tel ouvrier. Comme le dit parfaitement M. Raoul Jay :
« Toutes les clauses du contrat collectif de travail ne sont pas
destinées à se retrouver, au moins implicitement, dans les
futurs contrats de travail proprement dits. Il en est, au contraire, d'ordinaire, un plus ou moins grand nombre qui,
destinées à régler les rapports du ou des patrons avec la
collectivité ouvrière, dépassent nécessairement, par là même,
le cadre du contrat de travail proprement dit. » (1)

Nous aurons à y revenir, mais il était nécessaire de poser
dès maintenant que la convention collective, quelque caractère
juridique qu'on lui reconnaisse, est en fait une réglementation
qui dépasse les causes individuelles et traite de cas généraux.

Cela paraît aller de soi. Et cependant, la logique a éprouvé
quelque peine à développer ses effets : invinciblement, les
gardiens des intérêts collectifs ont tendu à réclamer ici,
comme une attribution naturelle, la garde d'intérêts collectifs ;
mais ils se butaient à la vieille conception de droit privé, qui,
elle, développait logiquement ses effets, sans voir que ses
préceptes ne cadraient pas avec la réalité.

Donc, observons que les conventions collectives contiennent
deux ordres de clauses :

Celles qui se répercuteront sur les contrats particuliers ;
Celles qui n'intéressent que la collectivité.

Les premières concernent principalement le salaire et la
durée du travail. On fixe les modalités du salaire avec parfois
une extrême précision de détail : les temps de travail avec les
dérogations et les heures supplémentaires, la durée des repos,
l'application du repos hebdomadaire. Bien d'autres questions
prennent place à côté de celles-là : délai-congé, apprentis-
sage, hygiène et sécurité ; puis les conditions d'exécution du
travail, roulement des équipes, mode de présentation des
réclamations ; le fonctionnement des Caisses de secours, de
retraites.

Toutes ces dispositions, on le voit, sont celles qui peuvent
rentrer dans un règlement d'atelier. Que des contrats particuliers se forment, ou qu'ils soient tacites, ces conditions
s'imposeront : le seul fait de l'embauchage équivaut à la
signature d'un contrat qui renfermerait toutes les clauses de

____

(1) Raoul Jay, *Qu'est-ce que le Contrat collectif de travail ?* (Bloud, 1908),
p. 10.

la convention, comme il équivalait à l'acceptation du règlement d'atelier.

Les conventions contiennent en outre des clauses qui ne
réagissent pas sur le contrat individuel : ainsi, la levée
d'interdit, la reconnaissance du Syndicat, l'engagement pris
par les patrons de n'embaucher que certaines catégories
d'ouvriers, celui pris par les ouvriers de ne travailler que
chez des patrons syndiqués, l'obligation pour chacun des
groupements d'assurer le respect des prescriptions, l'organisation de certains droits de contrôle.

Des clauses d'ordre général indiquent la durée du contrat,
la façon dont il pourra être dénoncé ou renouvelé, les
garanties d'exécution : engagement d'exclure ceux qui ne
respectent pas le contrat, acceptation d'une responsabilité
pécuniaire couvrant les violations.

Un genre de clauses particulièrement intéressant est celui
qui organise l'arbitrage pour les différends futurs. Il peut
même être formé des institutions permanentes d'une grande
valeur sociale : des Commissions mixtes.

Un examen détaillé de toutes ces clauses nous entraînerait
beaucoup trop loin : on en trouvera de multiples exemples
dans le rapport Groussier, et un exposé clairement classé
des idées générales dans la brochure de Raoul Jay.

Ce qui nous paraît utile à souligner, pour la discussion
doctrinale, c'est le rôle évident que réservent de pareils traités
aux organisations d'intérêt collectif et l'appel qu'ils constituent
à l'organisation professionnelle.

Comment dénier aux Syndicats un rôle propre, qui ne s'identifie pas avec la somme des intérêts particuliers ? Et comment
donner vie aux conventions collectives sans une sérieuse
organisation professionnelle ?

A cet égard, une partie importante des conventions est
constituée par les *signatures*. De la qualité des signataires
découle directement l'étendue des engagements. Ils lient, par
définition, des collectivités ; il faut donc qu'ils soient qualifiés
pour représenter quelque chose. Pas de grandes difficultés du
côté patronal : les patrons ou bien signent pour leur compte
ou donnent mandat écrit à des délégués — et leur engagement
a la figure d'un contrat civil — ou bien sont engagés par leur
Syndicat, dont on connaît les membres. Du côté ouvrier, on ne
conçoit guère que des délégués reçoivent un mandat individuel-
ment confié par chaque ouvrier : les délégués représentent ou

bien un Syndicat, de composition flottante, ou bien une masse inorganique.

Nous verrons ce que pense de cette question la jurisprudence, avant que la loi de 1919 n'apporte des définitions précises. Pour le moment, nous n'avons qu'à constater.

Avant la loi de 1884 et de 1892, les conventions sont signées, du côté ouvrier, par des délégués désignés à peu près suivant le mode de la loi de 1892, en une assemblée d'ouvriers ou par des représentants d'organisations illégales, telles que le Syndicat des chefs d'atelier de Saint-Etienne que nous avons vus signer une convention en 1875. A partir de 1884, les quelques conventions connues sont signées par des délégués syndicaux. La loi de 1892, tout en laissant subsister ce genre de conventions, donne naissance à un bien plus grand nombre de contrats de l'espèce nouvelle. Depuis cette date jusqu'en 1910, nous l'avons vu, les conventions sont signées surtout par des délégués représentant des groupements ouvriers inorganiques et des patrons, un petit nombre entre des organisations syndicales. Après 1910, au contraire, les contrats syndicaux deviennent de plus en plus nombreux, du moins les contrats signés du côté ouvrier par des représentants de Syndicats agissant comme tels. Ainsi que l'observe M. Groussier (p. 139) : « Le développement de l'organisation syndicale transforme peu à peu la représentation des parties : d'abord simple intermédiaire des grévistes, le Syndicat devient lui-même partie contractante, et le Syndicat ouvrier de la profession ne traite plus seulement avec un ou plusieurs patrons, mais avec le Syndicat patronal de la profession. Ce sont les ensembles organiques de chacun des deux éléments en présence qui traitent l'un avec l'autre, de puissance à puissance... Il y a lieu de remarquer que, quelquefois (1), les conventions sont signées conjointement par plusieurs Syndicats ouvriers. »

On doit retenir cette évolution de fait, à laquelle correspond, avec un retard, une évolution de jurisprudence et de doctrine : d'abord simple intermédiaire, le Syndicat devient lui-même partie, contractante » ; nous l'observions il y a un instant : la convention collective contient des clauses qui dépassent l'intérêt de simples mandants ; le Syndicat ne représente pas seulement, comme ferait un mandataire, une somme d'intérêts particuliers ; il prétend obtenir des droits et assume

____

(1) Le développement contemporain des Syndicats chrétiens rend ce cas notablement plus fréquent qu'avant la guerre.

des obligations qui lui sont propres, à lui personne morale.

On pressent l'importance de cette évolution du problème : elle marque, plus que toute autre période de son histoire, le point où la question passe catégoriquement du domaine privé au domaine social.

Aussi ne nous étonnerons-nous pas que les décisions de jurisprudence puissent, ramassées en synthèse, se grouper autour de trois titres principaux qui trouvent leur lien dans cette idée dominante : *quelle est la qualité des signataires de la convention ?* C'est cette idée qui détermine, de façon plus ou moins consciente, les sentences des juges ; et l'évolution de la jurisprudence s'explique par l'évolution de l'idée, essentiellement représentative du mouvement des conceptions sociales.

B) LA JURISPRUDENCE

L'étude de la jurisprudence est indispensable, cela va de soi, en toute matière légale : elle fait connaître les solutions pratiques des problèmes ; indépendamment de cet aspect utilitaire, elle indique souvent, par ses modifications, les progrès de la doctrine, elle-même influencée par les situations de fait. C'est le cas de notre sujet, nous venons de le dire.

La jurisprudence de la convention collective, avant la loi de 1919, offre un intérêt tout particulier, parce qu'elle a servi à fixer les principes ; non qu'elle ait imposé les siens, mais, traduisant l'esprit dans lequel on considère la convention collective, elle détermine les caractères que l'on prête à celle-ci, elle formule des jugements précis, qui s'ajustent plus ou moins heureusement à l'état de la vie sociale ; elle permet ainsi de distinguer les règles qu'il y a lieu de conserver ou d'amender. De fait, le législateur s'est basé sur l'état de la jurisprudence pour fixer les points de son intervention.

Les décisions de la jurisprudence portent, avons-nous dit, sur trois questions dominantes ; ce sont :

1o *Droit des Syndicats d'intervenir pour faire respecter une convention collective ;*

2o *Parties liées par la convention ;*

3o *Dommages-intérêts à la partie lésée.*

Il peut paraître illogique de traiter le premier de ces points avant le second ; mais, en étudiant le droit d'intervention syndicale en justice, nous avons le souci d'étudier en réalité ce que représente la signature du Syndicat au moment même où il l'appose et quels droits cette signature lui confère : c'est bien une question initiale ; la forme sous laquelle nous l'examinons nous est imposée parce que, cherchant l'appréciation des magistrats à son sujet, nous ne pouvons la connaître qu'au moment où une intervention syndicale se produit en justice. Il nous importe en premier lieu de savoir quelle est la qualité des signataires, et ainsi nous envisageons d'abord les droits du Syndicat comme *partie contractante*.

1° Droit d'intervention des Syndicats.

La première affaire dans laquelle fut posée cette question est *l'affaire du Syndicat des tisseurs de Chauffailles*. La Chambre syndicale des ouvriers avait assigné devant le Tribunal de commerce de Charolles les patrons d'un établissement avec lesquels avait été passée, le 14 septembre 1889, une convention collective. Les patrons opposaient à la Chambre syndicale deux fins de non-recevoir, dont celle-ci : le Syndicat n'a pas qualité pour représenter les ouvriers.

Le Tribunal (18 février 1890) rejeta leur argumentation : la fixation du taux des salaires et la réglementation des heures de travail — dit le jugement — rentrent dans la catégorie des intérêts généraux que le Syndicat professionnel a mission de défendre ; la convention collective portant sur ces points, les patrons, en manquant à leurs obligations, lèsent les droits généraux du Syndicat, et « il y aurait une singulière contradiction à reconnaître au Syndicat qualité pour la convention du 14 septembre 1889 en traitant avec lui, et de lui refuser le moyen de la faire respecter ».

Cependant, sur appel des patrons, la Cour de Dijon, par un arrêt du 23 juillet 1890, adoptait une solution opposée. Prétendait-elle donc refuser au Syndicat le droit de faire respecter une convention passée par lui ? Pas exactement, mais, s'appuyant sur *les faits*, elle déclare que le Syndicat n'a pas exercé l'action judiciaire pour défendre des intérêts inhérents à *sa propre personne* juridique, mais bien pour défendre des *droits individuels* de ses membres ; l'exercice de ces droits appartient personnellement aux adhérents lésés ; quant à lui, le Syndicat, « envisagé comme personne morale et en tant que Syndicat, n'a point souffert de préjudice à raison des faits reprochés aux appelants » (les patrons).

La Cour de cassation (1er février 1893) confirma l'arrêt de

Dijon. Est-ce à dire qu'elle en adopte la doctrine? Il ne nous paraît pas sur tous les points. Elle retient le fait, mais, à notre avis, le précise de telle façon qu'elle ne sanctionne pas *toute* la doctrine de la Cour de Dijon. Observant que la convention collective porte comme signature : « Accepté par les soussignés, membres de la Chambre syndicale de Chauffailles, au nom des ouvriers », la Cour de cassation déclare que la Cour d'appel a eu raison de considérer que le Syndicat « n'a été, dans l'espèce, qu'un simple intermédiaire entre les propriétaires de l'usine et leurs ouvrières, auxquelles seules, diverses concessions étaient faites » ; la Cour de cassation en déduit que « le Syndicat, qui n'est intervenu que pour accepter en leur nom les offres qui leur étaient faites, n'avait pas été, DE SON CHEF, *partie au contrat*, et n'avait, par conséquent, aucun droit pour en revendiquer les effets ».

Ainsi, la Cour de cassation sanctionne bien la façon de voir de la Cour de Dijon en ce qu'elle déclare que le Syndicat n'exerçait que des droits individuels de ses membres et qu'il n'en a pas la capacité; et l'on peut reconnaître comme acquis que la jurisprudence n'admet pas que le Syndicat puisse exercer les droits de ses membres : point très important sur lequel la doctrine discutera et que la loi modifiera. Mais il ne ressort pas du texte de l'arrêt de Dijon que, si le Syndicat n'avait été considéré comme exerçant simplement des droits de ses membres, la Cour d'appel lui eût davantage reconnu le droit d'intervenir. L'arrêt déclare : « Que celles-là seulement, parmi les ouvrières syndiquées, vis-à-vis desquelles les engagements pris par les patrons n'ont pas été remplis, ont le droit de se plaindre et de réclamer des dommages-intérêts. » Si le Syndicat de Chauffailles, au lieu de se présenter comme défenseur de telles et telles ouvrières lésées, avait poursuivi les patrons pour inexécution de la convention, et réclamé non des dommages-intérêts, mais l'exécution de la convention, on aurait pu, sans doute, continuer à lui opposer le fait de la forme de la signature, mais, par-delà le fait, la Cour de Dijon semble disposée à rejeter l'intervention du Syndicat, tandis que la Cour de cassation ne laisse pas présumer ce qu'elle aurait décidé.

En faveur de son accord complet avec la Cour de Dijon, on peut invoquer cette considération commune aux deux arrêts : le Syndicat n'a pas souffert personnellement des manquements reprochés aux patrons. Affirmation que la doctrine, dès ce moment, trouve osée et qui subira des cri tiques victorieuses : le principal dommage d'un Syndicat ne réside-t-il pas dans les manquements aux traités qu'il conclut ? Mais là encore on peut invoquer, *en fait*, que le Syndicat avait négligé de plaider qu'il eût souffert un préjudice. On peut donc tenir comme douteuse l'opinion de la Cour de cassation sur le *droit théorique* du Syndicat. Elle lui refuse d'exercer les actions de ses membres — ce qui est conforme à la jurisprudence générale — mais elle ne dit pas que, si un Syndicat se trouvait partie au contrat, il ne pourrait alléguer les manquements dont souffrent ses adhérents pour établir que lui-même se trouve atteint ; se renfermant dans l'espèce soumise, elle ne couvre pas la théorie générale de la Cour de Dijon.

Nous ne saurons pas la pensée claire de la Cour de cassation : question semblable ne vint plus devant elle, et c'est pourquoi nous avons insisté un peu longuement sur l'affaire de Chauffailles. Mais deux Cours d'appel, notamment, eurent à connaître de cas analogues, et leurs décisions furent très nettes : la Cour de Bordeaux dans *l'affaire du Syndicat des ouvriers et employés de la Compagnie du gaz de Bordeaux* (arrêt du 19 février 1906) et la Cour de Lyon dans *l'affaire du Syndicat des tramways de Saint-Etienne* (arrêt du 10 mars 1908) (1).

Dans ces deux affaires, la question se trouve mieux posée que dans celle de Chauffailles, car les espèces ne sont pas compliquées du fait d'une signature ambiguë. Le Syndicat des tramways de Saint-Etienne et celui du gaz de Bordeaux se présentent en leur qualité de personne morale, non comme agissant au nom des ouvriers. Examinons d'abord l'arrêt de Lyon, car celui de Bordeaux nous procurera une précision.

La Compagnie des tramways de Saint-Etienne n'avait pas oublié l'affaire de Chauffailles ; l'arrêt de Lyon rappelle son argumentation : « La Compagnie soutient que le Syndicat est sans intérêt comme sans droit à poursuivre en justice l'exécution de la convention du 20 juillet 1905, par le motif qu'elle s'est engagée non envers lui, mais envers ses employés, que ceux-ci souffrent seuls de la retenue d'un trentième opérée sur leurs salaires et qu'il n'a pas qualité pour exercer les actions purement individuelles de ses membres... » A quoi la Cour répond :

---

(1) Cette deuxième affaire vint devant la Cour de cassation, mais le point de la recevabilité du Syndicat ne fut pas évoqué devant elle.

Considérant que l'exception opposée à l'action du Syndicat n'est pas justifiée; que sans doute le Syndicat n'a pas qualité pour faire valoir en dehors de tout intérêt corporatif les droits individuels de certains de ses membres arguant d'un préjudice particulier, mais que son action est recevable toutes les fois qu'elle a pour objet non seulement un droit qui lui soit propre, mais la défense des intérêts généraux de sa profession; qu'il est inexact que dans la convention du 20 juillet 1905 il ait entendu se borner au rôle d'intermédiaire;, qu'il y stipule et promet pour lui-même; que cette convention, dont la validité sera examinée plus loin, n'était pas un contrat de travail passé avec quelques ouvriers déterminés ou à leur profit, mais une réglementation générale des conditions du travail et des salaires arrêtée entre la compagnie et le Syndicat, être moral, représentant la collectivité des intérêts professionnels ; qu'elle déclare en termes exprès que les parties contractantes s'engagent réciproquement à observer cette réglementation; qu'il s'ensuit que deux sortes d'actions peuvent y trouver leur source, l'une destinée à protéger les droits individuels de certains ouvriers, personnellement lésés, l'autre destinée à garantir les droits collectifs du Syndicat; qu'on ne saurait contester que l'action en jeu appartient à cette dernière catégorie; qu'elle tend, en effet, à assurer le maintien des conditions générales des salaires sans viser spécialement tels ou tels ouvriers à l'exclusion des autres; que le Syndicat est donc en droit de l'exercer pour la défense de l'intérêt corporatif..,

Voilà donc un Syndicat reconnu « de son chef partie au contrat », selon l'expression de la Cour de cassation : le terrain de fait est déblayé. Mais la Cour de Lyon ne dit plus, comme celle de Dijon, que « le Syndicat, envisagé comme personne morale et en tant que Syndicat, n'a point souffert de préjudice » et que seuls les syndiqués ont le droit de se plaindre; la Cour de Lyon reste fidèle au principe que le Syndicat n'a pas qualité pour faire valoir les droits individuels de ses membres; mais, en distinguant les deux sortes d'actions, elle admet que le Syndicat trouve dans la lésion personnelle dont souffrent ses membres un motif d'intérêt corporatif qui justifie son intervention. Il y a là une distinction assez subtile mais profondément logique et nécessaire à une bonne justice : les droits individuels se trouvent invoqués dans les deux genres d'actions; mais dans l'une ils font l'*objet* même de la réparation demandée, ils se personnalisent comme le corps même du procès, l'ouvrier lésé réclame son droit; dans l'autre, ils sont un *motif*, un argument de fait invoqué pour base d'une autre plainte : le manquement à un contrat.

Aussi, de ce qu'un Syndicat allègue les droits individuels de ses membres, ne saurait-on conclure *ipso facto* qu'il n'agit pas pour garantir des droits collectifs : il peut y avoir confusion en fait. C'est la précision que nous donne la Cour de

Bordeaux : elle reçoit l'action exercée par le président du Syndicat du gaz, en cette qualité, en déclarant « qu'elle a pour objet des intérêts en vue desquels ladite association [le Syndicat] a été instituée; qu'il importe peu que l'intérêt collectif, qui est en jeu dans le procès ainsi engagé, se confonde avec des droits individuels débattus dans le même litige » (1). La confusion est éclairée, et la distinction entre les deux sortes d'actions fournie par la présence du motif d'intérêt collectif.

Nous ne nous serions pas appesantis sur ces trois affaires (2) si elles n'offraient qu'un intérêt rétrospectif : d'une part, elles mettent en jeu des questions que le législateur réglera, et nous comprendrons ainsi, le moment venu, la raison de certaines dispositions de la loi; d'autre part, après comme avant la loi, la distinction entre les actions d'ordre individuel et les actions d'ordre collectif subsiste, et, du fait que la loi reconnaît au Syndicat la faculté d'exercer des actions individuelles de ses membres, il n'en résulte pas que l'on ne doive plus s'inquiéter de la qualité de l'action qu'il exerce, car ses pouvoirs ne sont pas les mêmes dans les deux cas; il sera donc toujours utile de les distinguer; or, cette appréciation excède la puissance de la loi, elle demeure dans le domaine de la jurisprudence, et la jurisprudence ici exposée conserve sa valeur .

Qui possède la qualité de représenter le Syndicat? — Cette question est un corollaire de la précédente. Elle ne paraît pas offrir grand intérêt, car si le Syndicat est admis à intervenir, on ne peut guère contester qu'il le fasse par l'intermédiaire des membres de son Conseil syndical. Mais il est advenu que l'action d'un président de Syndicat soit entravée parce qu'on l'a considéré comme représentant non tous les ouvriers syndiqués, mais les ouvriers d'un seul établissement, engagés dans un procès avec leur patron *(affaire des ferblantiers de Nantes*, tribunal de commerce de Nantes, 13 avril 1897; v. rapport Groussier, p. 169). Nous n'y faisons allusion que pour montrer une des tâches incombant au législateur : préciser la façon dont s'exercent les actions en

(1) Dans le même sens, jugement du Tribunal civil de Perpignan, du 26 juin 1905 *(affaire du Syndicat des Travailleurs de la terre d'Elne.)* Voir *Rapport Groussier,* p. 175.

(2) Les documents relatifs à ces affaires sont contenus dans le *rapport Groussier,* au chapitre « Jurisprudence de la convention collective de travail ».

justice, qu'elles appartiennent aux collectivités ou à leurs membres.

2° — Parties liées par la Convention.

La qualité des signataires de la convention détermine l'étendue de son champ d'application. Sur ce point capital, la jurisprudence antérieure à 1919 n'a pas varié. Cela se conçoit : le droit privé possède une doctrine des contrats très nette, et les tribunaux ne font qu'appliquer la doctrine générale aux contrats collectifs, que leur titre de « collectifs » ne sort pas du commun droit privé, en l'absence de législation spéciale.

Deux effets :

a) Quant à la détermination des personnes liées;

b) Quant à la solidité du lien.

c) Sont liées les personnes que les signataires représentent, et nulles autres : il faut avoir été partie au contrat pour avoir droit de s'en prévaloir.

La jurisprudence est formelle, avons-nous dit. Cependant, certains jugements de tribunaux inférieurs, avant que la Cour de cassation ne se soit prononcée, laissent paraître sur la nature de la convention collective des avis divergents fort intéressants à relever, car ils témoignent du travail des idées. Ainsi le juge de paix de Narbonne *(affaire de plusieurs ouvriers de Narbonne,* 11 novembre 1905) « a décidé que les tarifs d'une convention acceptée par la presque totalité des patrons et des ouvriers devaient être considérés comme constituant un usage de la profession et étaient applicables même à l'égard des personnes qui ne sont pas liées par cette convention, à moins de conventions contraires » (1).

Même argument tiré des « usages de la profession » dans un jugement de la 7e Chambre du Tribunal civil de la Seine *(affaire d'un terrassier de Paris,* 2 juin 1908) (2). La 7e Chambre prend d'ailleurs soin de reconnaître « qu'une convention intersyndicale n'est opposable, de même que tout autre contrat, qu'à ceux qui y ont été parties ».

Les conventions collectives sont ici prises par les juges, non comme des contrats dont il faut rechercher quelles personnes ils engagent, mais comme des bases de fait permet-

(1) V. *Rapport Groussier,* pp. 178 et 224.

(2) *Id.,* p. 197.

tant de savoir si un salaire est juste. Ces jugements sont donc moins intéressants à titre de dérogation à la jurisprudence — ce que l'on pourrait contester — qu'à titre d'indication de la valeur professionnelle reconnue aux ententes syndicales. Bien des décisions de justice, dans la matière du travail, se réfèrent aux usages locaux ; il n'est donc pas étonnant de voir prêter une attention particulière à des accords professionnels, mais il est intéressant d'observer là un point de départ, pris dans les *faits*, pour la doctrine qui veut trouver, en *droit*, dans les conventions collectives, l'expression de la loi du métier et leur donner une valeur réglementaire légale.

Cette question des « usages » mise à part, ne sont liées *contractuellement* que les parties intervenant au contrat.

On retrouverait fréquemment des « attendus » comme celui du Tribunal civil de la Seine (*affaire du Syndicat des plombiers de Paris*, 23 avril 1909) (1) : « l'un ou l'autre des Syndicats co-contractants ne peut se prévaloir de manquements aux conventions commis par les patrons ou ouvriers ne faisant pas partie du Syndicat ». Le 15 janvier 1918, la Cour de cassation déclare qu'un contrat collectif passé par un Syndicat n'engage que les adhérents de ce Syndicat (2). Dans le même esprit, un Syndicat n'est pas tenu à respecter une convention qu'il n'a pas signée lui-même : « L'arrêt de la Cour d'appel de Chambéry du 4 octobre 1910 (*affaire du Syndicat des travailleurs de Thonon*) affirme qu'un Syndicat ouvrier ne commet aucune faute engageant sa responsabilité en organisant une grève dans le but de défendre les intérêts professionnels, alors même que cette grève a été décidée en violation d'une convention collective passée avec les patrons, si ce Syndicat n'a pas été lui-même partie à la convention. » (3)

Ce point est trop net pour que nous nous y attardions. Plus délicate est une question subsidiaire : un Syndicat peut s'engager, il peut engager ses membres et il n'engage qu'eux avec lui, c'est entendu ; mais *les engage-t-il forcément ?* Comment reconnaît-on qu'un syndiqué se trouve lié par la signature du représentant syndical ?

Son engagement peut résulter d'un mandat formel ou d'une ratification.

(1) V. *Rapport Groussier*, p. 200.

(2) V. *Revue des Conseils de prud'hommes*, janv. 1915-août 1919. Dans le même numéro, voir un arrêt de cassation dans le même sens, du 7 avr. 1919.

(3) V. *Rapport Groussier*, pp. 207 et 221.

Dans l'affaire déjà signalée du *Syndicat des plombiers de Paris*, le Tribunal de la Seine avait admis la plainte du Syndicat contre des patrons qui avaient manqué à un contrat collectif passé par la Chambre syndicale dont ils faisaient partie ; « le fait d'adhérer à un Syndicat professionnel, disait le Tribunal, comporte nécessairement l'engagement d'accepter les statuts, les règles et les décisions du Syndicat » ; le Tribunal constatait, en outre, que la Chambre patronale avait porté la convention à la connaissance de chacun des patrons syndiqués, en lui rappelant « que l'engagement avait été pris en son nom par la délégation à laquelle il avait donné pleins pouvoirs ». Cependant, sur appel, la Cour de Paris rejeta ces motifs, en considérant « qu'il ne ressort nullement des statuts du Syndicat des entrepreneurs que ses adhérents lui aient donné mandat de les engager individuellement ; que les engagements pris par le Syndicat des entrepreneurs n'ont pu, dès lors, créer des obligations individuelles de ces adhérents ». La Cour admet l'action du Syndicat ouvrier contre le Syndicat patronal, mais non contre les membres de ce dernier.

Ainsi, la Cour ne concède pas que le pouvoir de représentation du Syndicat s'étende jusqu'à engager ses membres, s'il n'en a pas reçu mandat formel ou si les statuts ne contiennent pas une stipulation expresse. Elle estime — et sa pensée reflète, il faut le reconnaître, la doctrine en matière de contrats — qu'un engagement contractuel personnel ne peut être présumé ; elle eût assurément désiré qu'une assemblée générale donnât aux négociateurs un mandat spécial.

Mais si les négociateurs possèdent ce mandat, nul doute qu'ils n'engagent non seulement ceux qui l'ont voté, mais le groupement tout entier. Ainsi, dans l'*affaire de deux maçons de Paris* (1), le Conseil des prud'hommes, puis en appel le Tribunal civil de la Seine, et enfin la Cour de cassation (7 juillet 1910) ont proclamé que la convention conclue par des délégués qui sont « les mandataires réguliers de la majorité » engage les membres de la minorité.

Le groupement engage donc *tous* ses membres, pourvu que ses représentants possèdent un *pouvoir régulier*. Celui-ci résulte d'un vote spécial de l'assemblée du groupement ou de dispositions statutaires. Les tribunaux veulent que le membre ne se trouve engagé qu'en parfaite connaissance de cause et ne présupposent pas son assentiment ; mais si le membre apparaît

____

(1) V. *Rapport Groussier*, p. 203.

informé dans ces conditions de régularité, il est engagé, même s'il n'a pas voté avec la majorité.

b) Après la rigueur du principe de l'adhésion formelle, cet engagement contraire à la volonté formellement exprimée par le membre ne semble-t-il pas illogique ?

Non, car il faut bien, d'une part, que le groupement puisse agir, et la décision de toute collectivité se traduit par la loi de la majorité ; d'autre part, le membre conserve sa liberté de ne pas adhérer à la décision collective ; s'il n'use pas de cette liberté, on doit bien admettre qu'il paraît renoncer à son sentiment propre et entend participer aux actes décidés par la majorité.

Il possède, en effet, deux moyens très simples d'agir suivant sa volonté personnelle : il peut se retirer du groupement ; il peut même y rester inscrit et déroger par des conventions individuelles au contrat collectif. Sa liberté se trouve donc entièrement sauvegardée... à tel point qu'on peut se demander quel engagement contractent les signataires d'une convention collective ! Ils peuvent s'y dérober en quittant le groupement engagé : dans l'état du Droit, on comprend que l'individu puisse se dégager en se retirant d'un contrat qui n'a aucunement le caractère d'une réglementation supérieure à la volonté des individus, qui s'engagent personnellement. Mais tant que l'individu reste dans le groupement, comment n'est-il pas tenu d'en respecter les lois intérieures ? Sa liberté n'est-elle pas suffisamment protégée par le droit qu'il possède d'en sortir ?

C'est la logique des faits qui parle ainsi : à convention collective il faudrait appliquer un droit d'ordre collectif ; ce droit n'existe pas, et du moment que l'on est astreint à respecter les règles du droit commun des contrats, il faut appliquer le principe de la liberté des conventions. Il ruine l'institution du contrat collectif, mais il est.

La jurisprudence est très nette. Dans la dernière affaire citée *(maçons de Paris)*, la Cour de cassation avait jugé que la majorité engageait la minorité, mais elle ajoutait : La convention oblige même ceux qui, faisant partie de la minorité, « ont cependant continué à adhérer au Syndicat et n'ont pas manifesté par une démission leur volonté de reprendre leur liberté d'action ». La Cour joignait à celui-ci cet autre « attendu » : Attendu « que le jugement précise, d'autre part, qu'une convention individuelle dérogeant au contrat collectif n'était intervenue entre » les parties.

Même attitude sur les deux points dans *l'affaire d'un cor-*

donnier de Nîmes (1) : la Cour de cassation (16 décembre 1908) confirme un jugement du Tribunal de Nîmes où il est dit que le membre démissionnaire d'un Syndicat ne peut plus invoquer le bénéfice de la convention conclue par celui-ci ; elle déclare qu' « aucun principe de droit ne s'oppose à ce que les ouvriers et patrons, bénéficiaires d'un tarif collectif, dérogent par des contrats individuels à ce tarif, qui n'a aucun caractère d'ordre public ». Cette dernière déclaration reparaît, presque dans les mêmes termes, dans l'arrêt de Cassation du 2 août 1911 *(affaire d'un garçon de café de Lyon)* (2).

A l'encontre de cette jurisprudence, on ne pourrait citer que l'opinion, d'un poids un peu léger, du Tribunal civil de Narbonne, qui admit, le 2 mars 1909 *(affaire du Syndicat des travailleurs de Lézignan)* (3), qu'on ne peut déroger à une convention collective par des conventions particulières.

Du droit d'intervention du Syndicat comme représentant des intérêts professionnels. — Nous avons vu, dans un premier paragraphe, que le Syndicat est admis comme partie contractante, puisant dans cette qualité des droits propres d'intervention, distincts de ceux de ses adhérents. Nous aurions pu, aussitôt après, poser la question plus haute : Le Syndicat ne puise-t-il faculté d'intervenir dans sa seule qualité de représentant des intérêts professionnels ?

La réponse se trouve donnée par l'étude du second paragraphe sur la détermination des personnes liées.

C'est bien, avons-nous trouvé en premier lieu, comme défenseur de l'intérêt corporatif que le Syndicat, partie contractante, reçoit le droit d'intervention ; mais, pouvons-nous ajouter maintenant, il n'est admis à exercer ce droit que s'il est partie contractante.

Comment le Tribunal civil de Narbonne a-t-il pu décider, en appel *(affaire de Lézignan)*, qu'il n'est pas nécessaire, pour que l'action soit recevable, que le Syndicat ait été partie à la convention ? Son jugement est pourtant du 2 mars 1909, et la jurisprudence est bien arrêtée à cette date.

Sans doute a-t-il profité, dans l'intérêt d'une thèse générale, de ce qu'aucun jugement ou arrêt n'avait été rendu dans un cas exactement semblable : tous les Syndicats poursui-

(1) V. *Rapport Groussier*, p. 193.
(2) *id.*, p. 211.
(3) *id.*, p. 198.

vants, en effet, avaient été ou prétendaient être parties contractantes. Mais il était facile de se former une opinion *a contrario* ; maintes fois les jugements ont justifié l'intervention du Syndicat en reconnaissant qu'il était partie au contrat ; il leur est même arrivé de proclamer positivement dans leurs considérants qu'une convention n'est opposable qu'à ceux qui y ont été parties ; et la Cour de cassation, dans l'*affaire de Chauffailles*, n'avait-elle pas débouté le Syndicat en déclarant qu'il « n'avait pas été, de son chef, partie au contrat » ?

La doctrine des contrats ne permet pas de juger autrement : citons ce passage d'une étude qui pénètre une analyse juridique rigoureuse de vues sociales très amples (4) :

L'idée prédominante de contrat eut à jouer ici encore un rôle restrictif, en contradiction avec le but recherché : les contrats ne produisant pas d'effets à l'égard des tiers, un Syndicat ne pourra, disait-on, se plaindre que de la violation d'une convention collective à laquelle il a été partie ; alors même que les intérêts professionnels seraient lésés par une infraction à une autre convention, le Syndicat, qui est un *tiers*, ne peut s'en prévaloir. Il ne défend donc les intérêts de la profession que dans la limite où il a contracté : sa capacité d'ester en justice est modelée sur sa capacité de contracter. Il y a ainsi une différence avec le cas d'un délit, qui autorise tout Syndicat quelconque à demander la réparation du préjudice causé à la profession par le fait illicite. Le Syndicat ouvrier est moins bien armé pour assurer le respect des conditions de travail et lutter contre la concurrence entre patrons pour l'avilissement des salaires, que le Syndicat patronal pour relever les conséquences d'une faute préjudiciables au métier en général (fraudes du vin, du lait, etc.).

La différence s'explique : dans un cas, il y a violation d'une obligation légale, délit ; toute personne qui en souffre peut se porter partie civile. Dans l'autre cas, il y a manquement à une obligation conventionnelle, faute contractuelle ; seule, la partie lésée peut s'en prévaloir. C'est toujours l'effet de la règle *Res inter alios acta* (pp. 101-102).

L'engagement patronal de n'employer que des ouvriers syndiqués. — Etant donné que la convention collective ne s'applique qu'aux parties contractantes, on comprend l'intérêt que peut attacher le Syndicat ouvrier à obtenir des patrons contractant avec lui qu'ils n'embauchent que des ouvriers adhérant au Syndicat : ainsi les ouvriers embauchés se trouveront soumis à la convention collective et l'efficacité de celle-ci sera garantie.

(1) JEAN BERTHE, *De la nature juridique de la Convention collective de travail.* (Bordeaux, imprimerie Samie, 1921.)

La clause des conventions collectives réservant l'embauchage aux ouvriers syndiqués est reconnue valable par la jurisprudence.

D'un jugement du Tribunal civil de la Seine en date du 18 octobre 1912, la *Revue des Conseils de prud'hommes* (numéro de mars 1913) donne cette analyse exacte : « Les Syndicats, qui se constituent librement, sont en droit de n'admettre que les membres qui leur conviennent. D'autre part, n'est en rien contraire à la loi la convention par laquelle un patron s'engage envers une Chambre syndicale à n'employer que des ouvriers syndiqués. Par suite, si le patron méconnaît son obligation et occupe un ouvrier non syndiqué, le délégué du Syndicat ne commet aucune faute et n'encourt aucune responsabilité en rappelant au patron la convention, alors qu'il n'a recours à aucune menace. »

Une affaire semblable a parcouru tout le cycle judiciaire : *l'affaire du Syndicat des travailleurs du bâtiment d'Halluin.* Conformément à une clause de convention collective, ce Syndicat fit renvoyer trois ouvriers qui n'avaient pas adhéré à son organisation ; ceux-ci engagèrent des poursuites contre le Syndicat. Le 28 novembre 1912, le Tribunal civil de Lille jugeait « qu'il n'est pas plus interdit à un Syndicat de patrons de s'entendre avec un Syndicat ouvrier pour que celui-ci lui fournisse, même exclusivement, la main-d'œuvre nécessaire à tel travail déterminé, qu'à un ou plusieurs commerçants de prendre tel négociant pour leur fournisseur exclusif, ou encore à un patron de choisir son personnel soit parmi les ouvriers syndiqués, soit parmi les non-syndiqués, cette liberté formant le corollaire de celle de l'ouvrier de s'embaucher où il veut ».

Nous avons cité ce passage du jugement parce qu'il montre combien on aurait tort, en présence de certaines rigueurs, de rechercher des relations de cause à effet entre ces rigueurs et un régime de contrainte sociale. Il semble naturel d'imputer aux systèmes d'organisation sociale dressés contre l'individualisme les situations douloureuses dans lesquelles peut se trouver enfermé l'individu. Celle que nous rencontrons ici naît, au contraire, d'un régime libéral ; bien loin d'être le résultat de complaisances envers les organisations syndicales, elle découle logiquement de la conception contractuelle en harmonie avec un régime individualiste.

Nous devions faire dès maintenant cette observation, car la loi de 1919 la laisse subsister : elle n'apporte à la jurisprudence aucun motif de changer d'attitude sur ce point.

La thèse du Tribunal de Lille est si vraiment conforme à la doctrine générale que, après avoir été approuvée par la Cour de Douai, le 18 juin 1913, elle trouve accès auprès de la Cour de cassation, qui rend, le 24 octobre 1917, un arrêt dont voici l'analyse : « Est licite le contrat collectif de travail intervenu entre un Syndicat ouvrier et des entrepreneurs, aux termes duquel ceux-ci s'engagent à n'embaucher que des ouvriers faisant partie du Syndicat ; et, dès lors, le président dudit Syndicat a pu intervenir auprès des patrons pour obtenir le renvoi d'employés qui ont refusé de faire partie du Syndicat, sans commettre de faute susceptible d'entraîner contre lui l'allocation de dommages-intérêts au profit des ouvriers congédiés. » (1)

Il convient d'ajouter : 1º Que la Cour de cassation mentionne la renonciation « purement temporaire » des employeurs à leur droit de choisir en toute liberté leur personnel ; les autres juridictions n'avaient pas manqué de souligner cette circonstance, car aucune ne consentirait à admettre « l'aliénation » de la liberté individuelle ; 2º que la Cour de cassation observe que le renvoi d'ouvriers non syndiqués a « été provoqué non par une contrainte morale exercée sur les patrons, mais par la volonté de ces derniers de remplir les obligations dérivant pour eux du contrat collectif » ; les autres juridictions relatent de même l'absence de menaces.

3° Dommages-intérêts à la partie lésée.

Ici encore, c'est la question des droits du Syndicat qui s'offre à la discussion.

Il n'est pas douteux que les individus soumis à la convention collective ne puisent en elle le principe d'une action en dommages-intérêts : on ne découvre, hors de là, quelle sanction habituelle pourrait couvrir leurs droits. La situation du Syndicat contractant apparaît différente. Nous l'avons vu, la jurisprudence reconnaît que deux sortes d'action peuvent trouver leur source dans la convention collective, l'une destinée à protéger les droits individuels, l'autre à garantir les droits collectifs du Syndicat. Mais si les dommages-intérêts forment la contre-partie logique du préjudice matériel subi par un individu, la nature du préjudice éprouvé par le Syn-

(1) *Revue des Conseils de Prud'hommes*, janv. 1915-août 1919.

dicat prête à controverse : la lésion est-elle matérielle ou morale, et la sanction ne peut-elle revêtir un autre mode que le payement de dommages?

a) Nous passerons donc rapidement sur les dommages-intérêts accordés aux individus, et nous nous contenterons de reproduire le résumé de la jurisprudence que contient le *rapport Groussier* (pp. 224-225) :

La résiliation d'un contrat individuel de travail en violation des dispositions d'une convention collective est abusive, et celui qui en est victime peut intenter à son co-contractant une action en dommages-intérêts. (Décisions du juge de paix du 5e canton de Marseille, des 10 octobre 1900 et 21 avril 1918, *affaires de deux charretiers de Marseille ;* décision du juge de paix de Narbonne, du 11 novembre 1908, *affaire de plusieurs ouvriers agricoles de Narbonne ;* décision du juge de paix de Meaux, du 10 octobre 1906, *affaire d'un boulanger de Meaux).*

De même, la résiliation d'un contrat individuel de travail, parce que l'ouvrier a refusé de renoncer à l'application des dispositions d'une convention collective, est abusive et donne droit à des dommages-intérêts. (Jugement du Conseil des prud'hommes de Saint-Nazaire, du 22 novembre 1910, *affaire d'un boulanger de Saint-Nazaire.)*

Enfin, l'employeur qui, après la fin d'une grève, refuse de reprendre ses ouvriers contrairement aux dispositions d'une convention collective, est passible de dommages-intérêts. (Jugement du Tribunal civil de Narbonne, du 23 juin 1904, confirmant en appel une décision du juge de paix, *affaire de plusieurs ouvriers agricoles de Tourouzelle.)*

Nous citerons en outre une décision du Tribunal civil de Rouen, en date du 10 novembre 1913 (1), qui présente un aspect nouveau : dans toutes les affaires portées en justice, les plaignants ont toujours été des ouvriers où des Syndicats ouvriers, sauf dans l'*affaire des travailleurs de Thonon*, où le plaignant était un Syndicat patronal ; dans une affaire, celle du *bâtiment d'Halluin*, nous avons vu des ouvriers poursuivre un Syndicat ouvrier ; ici, la plainte émane d'un patron qui réclame d'un ouvrier réparation du préjudice causé par manquement à une convention collective.

Il existait une convention collective où il était dit : « Les difficultés qui pourraient naître dans le cours du travail seront soumises à une Commission d'arbitrage. En aucun cas, le travail ne pourra être suspendu. » Une grève éclate. La Société contractante assigne un ouvrier et demande qu'il soit condamné à lui payer une indemnité pour rupture de louage de services sans préavis et des dommages-intérêts. Le premier

(1) *Revue des Conseils de Prud'hommes*, mai 1914.

chef ne nous intéresse pas ici; sur le second, le jugement décida que l'ouvrier « a violé le contrat collectif... et se trouve tenu de réparer pour sa part le préjudice causé ».

b) A l'égard du Syndicat, la question est complexe. Etant admis, naturellement, que le Syndicat soit reconnu capable d'intervenir pour faire respecter la convention, il ne s'ensuit pas qu'on doive le reconnaître comme lésé par le manquement à la convention. Premier point. Le préjudice admis, reste à savoir s'il est de nature matérielle ou morale. Et dans le cas de préjudice moral, l'allocation de dommages-intérêts répond-elle à la nature de ce préjudice?

Dans *l'affaire de Chauffailles,* la Cour de cassation n'avait pas reçu l'action du Syndicat, lui refusant la qualité de contractant; mais, en outre, au cours des attendus, elle disait « que le Syndicat n'a aucunement souffert des manquements reprochés aux patrons »; d'où l'on peut conclure que, même en admettant que le Syndicat fût partie au contrat, la Cour n'aurait pas accueilli la demande de dommages-intérêts formée par lui.

On peut, en effet, soutenir que l'action du Syndicat, justifiée par son rôle de garant des droits collectifs, se borne au droit d'exiger l'exécution des clauses du contrat sous la menace d'astreintes, les dommages pour manquements allant aux individus qui ont souffert le préjudice. Les arrêts si importants de Lyon *(Tramways de Saint-Etienne)* et de Bordeaux *(Compagnie du gaz)* établissent parfaitement le premier de ces droits, en indépendance absolue du droit à réparation.

Il est fâcheux que l'arrêt de Lyon n'ait pas eu à prononcer sur la demande de dommages-intérêts formée par le Syndicat des tramways devant la première juridiction; l'appel venait de la Compagnie des tramways, qui n'avait pas à protester sur ce point subsidiaire des dommages, que la première juridiction avait refusé d'allouer au Syndicat ouvrier. Cette juridiction — le Tribunal civil de Saint-Etienne — avait ainsi parlé : « Attendu qu'il n'est pas douteux que le refus de la Compagnie de continuer à observer la convention est de nature à causer un préjudice moral au Syndicat en portant atteinte à l'autorité de ses décisions, mais que les rappels de la Compagnie au respect de ses engagements et la condamnation de celle-ci aux dépens sont la seule réparation à laquelle le Syndicat puisse prétendre; qu'il ne justifie, en effet, d'aucun préjudice matériel... »

Ainsi le Tribunal de Saint-Etienne admet que le Syndicat se

trouve lésé, mais, distinguant préjudice moral et préjudice matériel, il estime qu'un préjudice moral n'entraîne pas de réparation matérielle.

Déjà le Tribunal de commerce de la Seine *(affaire du Syndicat des omnibus de Paris, 4 février 1892)* (1) avait fait la distinction, avec plus grand luxe de détails pour établir la nature des réparations dues à chaque nature de préjudice : le Syndicat, explique-t-il, peut ester en justice seulement pour la défense des intérêts collectifs ; la lésion matérielle est subie par les individus ; quand on poursuit leur réparation, on n'agit pas au nom d'intérêts collectifs, mais au nom des droits individuels ; le Syndicat n'a donc pas qualité pour ester en justice à cet égard, et, les réparations matérielles étant réservées aux individus, le préjudice moral ne comporte que le rappel de la partie adverse au respect de ses engagements et la condamnation de celle-ci aux dépens.

Plus tard, le Tribunal civil de Perpignan *(affaire du Syndicat des travailleurs de la terre d'Elne, 26 juin 1905)* (2) et le Tribunal civil de Narbonne *(affaire de Lézignan)* décideront au contraire que les dommages-intérêts peuvent être réclamés non seulement par suite d'un préjudice matériel, mais à raison du préjudice moral subi par le Syndicat. Mieux ! le Tribunal de commerce de Nîmes *(affaire du Syndicat des cordonniers de Nîmes, 7 août 1907)* (3) déclarera, sans fournir d'explications, « que le Syndicat de la cordonnerie est fondé à demander des dommages-intérêts, en réparation du préjudice *causé à ses membres* ». — Le Tribunal de Narbonne, il est vrai, a infligé des dommages-intérêts plutôt moraux que matériels, car il en fixe le chiffre à un franc ! La réparation d'un préjudice causé à autrui est taxée à plus haut prix à Nîmes : 50 francs.

Nous quitterons ce sujet après avoir simplement cité, d'après le *rapport Groussier* (p. 231), les autres espèces de la jurisprudence :

Le Syndicat subit un préjudice même lorsque les ouvriers ont renoncé au bénéfice de la convention par des contrats individuels de travail. (Jugement du Tribunal civil de Beauvais, du 29 mars 1912, *affaire du Syndicat des tabletiers de l'Oise.)* (4)

(1) V. *Rapport Groussier*, p. 169.
(2) *id.*, p. 175.
(3) *id.*, p. 192.
(4) « Attendu — dit ce jugement — que le Syndicat a un intérêt maté-

Le Syndicat conserve son action même lorsque les ouvriers lésés ont accepté une transaction. (Jugement du Conseil des prud'hommes de Bailleul, du 17 août 1912, *affaire du Syndicat de l'industrie textile de Bailleul.)*

De cette revue il ressort que, si la question du préjudice individuel reçoit une solution nette, celle du préjudice collectif donne lieu à une jurisprudence incertaine : nous découvrons là un nouveau point pour lequel le législateur devra fixer des règles.

Il y en a un autre, très discuté en doctrine et dont nous n'avons en ce moment qu'à remarquer l'absence : celui de la *responsabilité syndicale.* On a cru formuler contre la convention collective une critique capitale en disant que le Syndicat n'offrait pas, matériellement, la surface indispensable pour garantir l'exécution de ses engagements. Il faudrait élucider d'abord le point plus grave de l'obligation assumée par le Syndicat contractant. Les tribunaux n'ont pas eu à l'établir.

Signalons enfin que, délaissant dans notre étude de la jurisprudence quelques questions de détail qui ne nous paraissent pas utiles pour l'étude du régime présent, nous avons, en outre, omis de traiter de la *durée de la convention.* La jurisprudence apportant très peu de clartés à cet égard (1), nous croyons suffisant d'indiquer que l'imprécision de ce problème révélait au législateur un autre point d'intervention.

C) LA DOCTRINE ET L'OPINION

L'observation des *faits* et l'examen de la *jurisprudence* font ressortir l'antinomie de la *pratique* et du *droit.*

Quel est le but de la convention collective ? Evidemment, elle se propose de mettre en accord la discussion des conditions du travail avec un état de choses dans lequel la discussion individuelle est impossible ou inefficace ; elle veut répondre à ce besoin social de posséder des règles profession-

---

riel et moral à l'exécution de ce contrat ; que le dommage moral n'es pas niable ; que le dommage matériel résulte de la difficulté inévitable de recruter ou de maintenir des adhérents, si impunément les patrons pouvaient annihiler les efforts tentés par le Syndicat pour améliorer le sort des ouvriers boutonniers de la région de l'Oise. » La somme de mille francs est accordée au Syndicat à titre de dommages-intérêts.

(1) Les documents seraient ici le jugement et les arrêts intervenus dans l'affaire des tramways de Saint-Étienne.

3

nelles générales. Si elle ne procure pas cet avantage, elle n'a pas de raison d'être.

Tel est l'esprit du mouvement social. Cependant, pour y satisfaire, notre droit ne dispose pas de moyens adéquats. Ce n'est pas par complaisance que la jurisprudence s'efforce de suivre le mouvement social : son rôle est d'appliquer à des situations concrètes des règles de droit ; elle doit prendre la situation sociale dans sa réalité.

Or, la réalité apporte une réglementation contractuelle de portée générale ; le droit ne dispose que de ses règles sur les contrats individuels ; pour appliquer ces règles à la convention collective, il veut trouver en celle-ci une collection d'engagements individuels.

Par quelles théories juridiques peut-on arriver à cette conciliation ? Nous n'avons pas l'intention d'entrer sur ce terrain théorique. De nombreux auteurs se sont attachés à résoudre ce problème. Dans son ouvrage sur *La nature juridique de la convention collective de travail,* M. Jean Brèthe a savamment exposé les différentes doctrines, et nous renvoyons à ce travail d'un vif intérêt (1).

Délaissant ce problème juridique pur, nous observerons qu'à la doctrine incombe une autre tâche que d'adapter aux faits sociaux le droit *existant :* elle cherche quelle *nouvelle* expression doit revêtir le droit pour correspondre à la nature intime des faits. C'est un problème juridique pratique. Il se décompose en deux points : *savoir ce qu'est substantiellement la convention collective; formuler des règles de droit qui respectent la nature de l'acte.*

Le premier point comporte essentiellement une observation d'ordre social, car il s'agit de connaître la volonté des contractants. Au moment où il aborde dans son *Rapport* les « considérations juridiques sur la convention collective du travail », M. Groussier a raison de mettre cette étude sous ce rappel de principes formulé par M. Henri Capitant (2) : « Il faut se garder d'oublier cette règle essentielle en matière d'interprétation des contrats, à savoir que le jurisconsulte ne doit jamais déformer l'opération faite par les parties, ni altérer

(1) Il ne se borne d'ailleurs pas — son titre l'exprime assez — à rapporter les doctrines qui tentent de justifier la *pratique* du droit, mais il montre *ce que devrait être* cette pratique pour respecter la nature de la convention collective.

(2) *Cours de législation industrielle,* professé à la Faculté de droit de Paris, p. 458. Cité dans *Rapport Groussier,* p. 418.

ou modifier les conséquences juridiques qu'elle doit normalement, régulièrement produire pour satisfaire la volonté des
contractants. Toute construction juridique qui conduit à déna-
turer l'acte doit donc être sans hésitation rejetée. »

Mais il ne suffit pas à la doctrine de respecter la volonté
des contractants, en une matière où cette volonté tend à
produire des effets qui dépassent sa puissance : les contractants cherchent à modifier des relations sociales où ils ne
sont pas seuls engagés ; ils extériorisent, dans la mesure où ils
le peuvent, une aspiration à un état social modifié. Cette
aspiration exprime-t-elle une évolution sociale dont le droit
ait à tenir compte ? Les effets généraux que voudraient obtenir
les contractants sont-ils commandés par l'état social réel ?

Ainsi la volonté des contractants offre deux aspects à l'ob-
servateur. On peut la considérer en elle-même, et comme
expression d'un état de choses qui explique sa formation ; elle
est à la fois un acte et un signe : un acte dont il faut pénétrer le sens en tenant compte des considérations sociales qui
l'ont déterminé ; un signe qui révèle un certain état social.
Sous le premier aspect, on *explique* la convention collective ;
sous le second, on la *justifie*.

Dans cette première partie du problème juridique pratique,
la doctrine rencontre donc l'opinion comme une donnée
positive.

Dans la seconde, qui consiste à formuler le droit, la doctrine porte ses conclusions au législateur : conclusions de
deux sortes, comme l'examen qui les précède : il faut assurer
les conséquences juridiques du contrat selon sa nature ; il
faut modifier la conception même que le droit se fait de la
nature du contrat, s'il est démontré que cette conception ne
correspond pas à la réalité sociale.

Ce simple exposé du problème laisse suffisamment pressen-
tir le nombre et la variété des discussions qu'il a soulevées ;
on en formerait des volumes. Nous n'en retiendrons que ce
qui est absolument indispensable pour suivre, objectivement,
la marche des faits.

I. — Nature et rôle de la convention collective.

Quel but recherchent les parties engagées dans une convention collective ? Poser des conditions générales qui s'imposeront à tous les contrats particuliers, de telle sorte qu'aucun
adhérent à la convention ne puisse travailler ou faire tra-

vailler à d'autres conditions. Ce que les parties cherchent à réaliser, c'est proprement une *réglementation*. Il importe de noter l'emploi de ce terme par les auteurs, quand ils expliquent le caractère de la convention collective, alors même qu'ils attribuent à la convention la nature *juridique* du contrat; on ne peut, semblerait-il, se faire entendre si l'on n'emploie ce mot qui implique cependant une conception juridique différente de celle du contrat. Il exprime seul la pensée des contractants.

Par nature, la convention collective cherche à s'étendre à des tiers : ses adhérents s'engagent, en effet, à ne pas souscrire de conditions différentes vis-à-vis de non-adhérents : l'ouvrier engagé ne devra pas en accepter d'un employeur non engagé; le patron engagé ne devra pas en imposer à un ouvrier non engagé. Par suite, comme 'le remarque M. Colson, « l'obligation individuelle, née de la convention collective pour chacun des adhérents, le lie, *non seulement envers les membres du groupe avec lequel a traité celui dont il fait partie*, mais encore *envers les membres de son propre groupe* » (1). Ceci ne peut résulter de la doctrine des contrats, et l'on doit bien y reconnaître un caractère particulier de la convention collective, dont on ne saurait respecter l'esprit qu'en admettant que « chaque participant a un intérêt direct et personnel à ce qu'aucune infraction ne soit commise par ses co-associés, fût-elle admise et tolérée par l'autre partie » (2).

Nous nous orientons là vers les actes à nature réglementaire. M. Jay observe :

En règle générale, le Comité de grève, le Syndicat professionnel, ne stipule pas seulement pour ceux qui l'ont constitué ou pour ses membres. Il stipule pour tous les ouvriers d'une profession dans une région donnée. Le rôle de ce Comité ou de ce Syndicat se rapproche ainsi singulièrement de celui que remplit une administration centrale ou locale lorsque cette administration oblige les entrepreneurs des travaux qu'elle a mis en adjudication à garantir aux ouvriers qu'ils emploient des conditions de travail minima, par exemple un salaire au moins égal au salaire normal de la profession et de la région.

Il faut aller plus loin et reconnaître que nous sommes ici sur les confins du Droit public et du Droit privé. Le Syndicat n'apparaît-il pas, à certains égards, dans le contrat collectif de travail, comme le

------

(1) Rapport présenté à la Société d'études législatives par M. Colson, ingénieur en chef des ponts et chaussées, conseiller d'Etat : *Bulletin de la Société d'études législatives*, 1907, p. 182 (Cité dans *Rapport Groussier*, p. 386).

(2) *Ibid.*

délégué et le précurseur du législateur ? Ce qu'il y a de certain, c'est qu'on ne donnerait du contrat collectif de travail qu'une idée incomplète et, par suite, inexacte, qu'on ne ferait surtout pas comprendre l'avenir qui lui peut appartenir, si on ne mettait en relief l'incontestable tendance qu'a ce contrat collectif de travail à créer une *législation professionnelle* plus ou moins directement obligatoire pour tout un métier (1).

D'ailleurs, remarque M. Jay, bien des clauses du contrat collectif dépassent le cadre du contrat de travail proprement dit (2) et posent des règles qui intéressent l'exercice de la profession.

Si l'on considère sa *finalité,* la convention collective tend à être une réglementation de droit public. Et l'on exprime à la fois ce que fait réellement et actuellement *(in actu)* le contrat collectif et sa finalité — rencontre assez impressionnante — en le définissant, ou mieux en l'appelant de son vrai nom : « *réglementation contractuelle* (3) *des conditions du travail* »

De ce que les parties prétendent édicter une réglementation, il ne suit pas que leur volonté se réalisera : nous savons, au contraire, que la jurisprudence, se renfermant dans la notion de contrat, autorise même la dérogation par contrats individuels — éminemment contraire à l'esprit de la convention collective. Mais peu importe en ce moment : nous observons dans la réalité le but de la convention collective. Si le droit ne permet pas de l'atteindre, il appartiendra au législateur de réformer le droit.

On ne peut le lui demander qu'à une condition : il faut que le but de la convention collective, *expliqué* par l'observation, soit en outre *justifié* par des considérations de nécessité ou d'intérêt social.

La convention collective est-elle un produit naturel de notre état social ? Les faits déjà répondent, et à eux seuls appellent l'intervention du législateur, car, selon les paroles de M. Colson (4), c'est « précisément le rôle du législateur, en cette matière comme en toute autre, non pas d'inventer le droit, mais de le définir, en dégageant la portée juridique des actes engendrés par les besoins de la pratique ».

(1) Raoul Jay, *Qu'est-ce que le Contrat collectif de travail* (Paris, Bloud, 1908) p. 8.

(2) V. *supra,* le chapitre « Le contenu des conventions collectives».

(3) Ici M. Jay intercale le mot « *préalable* », qui nous paraît former pléonasme avec la notion de réglementation.

(4) Cité dans *Rapport Groussier,* p. 415.

Il importe cependant de ne pas simplement accueillir les faits, mais de voir en quoi ils sont conformes ou contraires à une évolution sociale naturelle, afin de ne pas élever une digue là où il faut un canal.

La doctrine reconnaît unanimement que la convention collective dérive d'une nécessité sociale. Ecoutons M. Jay l'expliquer, quand il parle du *rôle* du contrat collectif (1); sa pensée ne saurait représenter dans tous les points une pensée commune, mais elle résume les considérations émises par les auteurs.

On dit couramment, en pensant à la grande industrie, que le contrat collectif « est la condition même de toute discussion libre et utile des clauses du contrat de travail ». Formule exacte, mais incomplète. « On peut affirmer que dans l'usine contemporaine, qui occupe parfois des centaines ou même des milliers d'ouvriers, le contrat sera collectif ou ne sera pas. » Cela, non seulement à cause de l'inégalité entre le patron et l'ouvrier, mais surtout parce que le régime même de la grande industrie rend la discussion individuelle sans objet : il est impossible d'accorder aux ouvriers des conditions différentes. Si même l'ouvrier pouvait discuter *librement* le contrat individuel de travail, il ne pourrait pas toujours le faire *utilement*, en raison des complications techniques.

Mais le rôle du contrat collectif ne se trouve pas principalement déterminé par les conditions de la grande industrie. « Le rôle essentiel du contrat de travail, c'est de régler la concurrence entre ouvriers comme la concurrence entre patrons. La coalition ouvrière, l'entente des ouvriers ne peut que régler la concurrence entre ouvriers ; la coalition patronale, l'entente des patrons ne peut que régler la concurrence entre patrons. Le contrat collectif lie et solidarise les deux réglementations. Il n'est pas besoin de longues réflexions pour reconnaître que cette double concurrence constitue le plus redoutable des obstacles que rencontre l'amélioration des conditions du travail. »

L'heureuse influence industrielle du contrat collectif réside en ce qu'il déplace le terrain de la concurrence : celle-ci ne s'exercera plus sur les conditions du travail, mais sur l'organisation de la production et de la vente. Sous ce point de vue, le domaine du contrat collectif, loin de se restreindre à la grande industrie, s'étend avec plus de raisons encore à la

(1) *Loc., cit.*, chap. II.

petite industrie et au travail à domicile, où la concurrence est la plus vive.

Et si ce point de vue est exact, il apparaît que le contrat collectif, à l'ordinaire, ne réglementera qu'insuffisamment la concurrence s'il se borne à déterminer les conditions de travail d'un seul établissement. « Pour rendre tous les services qu'on attend de lui, le contrat collectif devra, suivant les cas, s'étendre à tous les établissements de la même industrie dans une ville, une région ou même un pays tout entier. » On peut même prophétiser sans témérité des contrats collectifs internationaux.

Aussi M. Jay conclut-il : « Je crois, en somme, que plus on y réfléchira, plus on devra reconnaître que la réglementation de la concurrence est vraiment l'œuvre propre et originale du contrat collectif de travail. »

Il nous semble, quant à nous, que le développement industriel se produit bien dans le sens d'une organisation des rapports collectifs : au lendemain de la guerre, nous assistons à une multitude de manifestations corporatives par où s'exprime le sentiment de la dépendance dans laquelle la communauté d'intérêts tient le particularisme des intérêts privés. Il est loisible à chacun d'en faire l'observation facile, et nous nous contenterons d'invoquer un seul témoignage, celui de M. Eugène Mathon, dans son discours de clôture de la Semaine du commerce extérieur, tenue à Paris, en juin 1921 : « Nous avons à vaincre le vieil esprit d'individualisme d'autrefois, il faut nous organiser, c'est-à-dire réaliser l'économie des forces, la coordination des efforts, accepter une discipline, apprendre à recourir à la collectivité en même temps que lui apporter notre concours, sans pour cela renoncer à l'initiative privée... Des semaines de cet ordre constituent une méthode de travail nouvelle : elles réunissent, en effet, tous ceux qui concourent à la production ou à la vente d'une façon directe ou même indirecte : les industriels comme les commerçants, les patrons comme les travailleurs de l'intelligence et les travailleurs manuels. Tous ceux qui ont cette conception que le travail c'est l'ordre sont réunis pour discuter leurs intérêts communs. Ainsi, le Syndicat, dont on a voulu faire un instrument de lutte, apparaît, au contraire, comme un trait d'union, et de destructeur devient constructeur. » (1)

Cette orientation ne résulte pas d'idées sociales préconçues,

(1) *Journée industrielle*, 25 juin 1921.

mais du fait économique. M. Mathon le déclarait : « Je ne me
fais pas illusion : ce ne sont pas ces mots de concorde et
d'union qui réaliseront l'accord nécessaire, mais bien la pression des événements, la dure nécessité ». Et voilà ce qui nous
importe ici : nous n'enregistrons plus des aspirations, nous
ne parlons pas justice ; il s'agit d'observer la réalité sociale :
elle nous apparaît, sous son froid aspect économique, comme
imposant la réglementation de la concurrence. Et la convention collective de travail, qui est un des instruments de cette
réglementation, entre dans le cadre des faits composant l'état
social avec lequel le droit devra s'accorder. Il lui faudra en
pénétrer le sens, en concevoir l'exacte nature, pour exprimer
ses règles en fonction de la vie.

II. — L'opinion.

Pour rendre plus sensible le caractère intime de la convention collective, la montrer comme un produit naturel de notre
état social, nous nous sommes transportés un instant à
l'époque contemporaine, qui en a vivement accusé les traits.
Mais, avant la loi de 1919, ni l'opinion ni le législateur ne
pouvaient en être aussi frappés que les juristes et les sociologues.

Lorsque, sortant de la simple pratique, les intéressés furent
provoqués, par le dépôt d'un projet de loi, à formuler leurs
principes, ils s'élevèrent assez généralement contre la législation proposée.

A vrai dire, les motifs ne sont pas de même force chez les
patrons et chez les ouvriers ; on le comprend si l'on pense au
double rôle de la convention collective : en tant qu'elle établit
une certaine égalité entre les contractants, elle ne peut déplaire
aux ouvriers, tandis que les patrons y verront une restriction
à leur prédominance ; d'autre part, les effets de la concurrence
sont plus immédiatement ressentis par les ouvriers, qui la
voient jouer entre eux au détriment de leur intérêt personnel ;
la concurrence n'apparaît pas aux patrons sous un jour aussi
brutal : ils la jugent en fonction d'un système économique,
d'une conception industrielle qu'il leur faut répudier pour
changer d'attitude sur le point spécial des conventions collectives : individualistes pour eux-mêmes, pratiquant la concurrence entre eux, comment, il y a quinze ans, auraient-ils
compris que le contrat collectif « lie et solidarise les deux
réglementations » qu'établissent l'entente ouvrière, d'une part,

et l'entente patronale de l'autre, alors qu'ils menaient leurs propres affaires à l'encontre du principe de solidarité industrielle ?

Aussi bien, quand fut déposé le premier projet de loi, le 2 juillet 1906, les critiques des ouvriers provinrent-elles de considérations extrinsèques. La C. G. T., à cette époque, a seule la voix assez forte pour se faire entendre. A son Congrès d'Amiens, en 1906, elle proclame que les projets de lois ouvrières ont pour objet « d'entraver le développement du syndicalisme » et que le droit nouveau auquel elle aspire « ne peut sortir que des luttes ouvrières sur le terrain économique ». Le Congrès de Toulouse, en 1910, fait mieux ressortir les distinctions que fait la C. G. T. entre la pratique du contrat collectif, qu'elle favorise, et sa réglementation légale, qu'elle repousse dans l'idée que « toutes nouvelles stipulations légales constitueraient des restrictions ». Le défaut de netteté, les erreurs commises sur la portée de l'acte législatif empêchent d'accueillir comme une critique sérieuse les débats de ces Congrès (1).

Un article du projet de 1906, qui aurait attiré la sympathie de la C. G. T., c'est l'*article* 18, sur lequel s'accumulaient précisément les griefs des organisations patronales. Il faut le citer :

> Lorsqu'il n'existe qu'une seule convention collective relative aux conditions du travail pour la profession ou la région, et que cette convention collective a été déposée au secrétariat du Conseil des prud'hommes ou au greffe de la justice de paix, conformément à l'article 13, les employeurs et les employés seront, jusqu'à preuve contraire, et pendant la durée de la convention collective, présumés avoir accepté, pour le règlement des rapports nés des contrats de travail intervenus entre eux, les règles posées dans la convention collective (2).

Nous ne nous étonnerons pas d'entendre les Chambres de commerce (3) condamner cet article, dont elles défigurent d'ailleurs la portée en l'exagérant, car elles paraissent croire qu'on ne peut s'y soustraire que par des moyens extrêmes et compliqués. Mais nous observerons : 1° que leurs critiques vont jusqu'au principe même de la convention collective ;

(1) En voir un résumé dans le *Rapport Groussier*, pp. 404 et suiv.

(2) Le texte des projets de lois successifs se trouve aux annexes du *Rapport Groussier*.

(3) Le *Rapport Groussier* rapporte leurs avis, pp. 392 et suiv.

2° qu'elles se maintiennent après 1910, alors que le second projet a éliminé l'article 18. Or, elles commettent en cela une erreur égale à celle des Syndicats ouvriers, car le principe de la convention collective ne se fonde pas sur la loi, mais sur le droit commun, existant, pratiqué; il ne peut s'agir de restreindre les possibilités de contracter qui résultent du droit commun, et la loi n'a besoin de défendre personne contre la convention collective puisque celle-ci n'est pas obligatoire.

A la Fédération des industriels et commerçants français, en 1907, M. de Ribes-Christofle présentait le projet de loi comme une grande machine de guerre contre le patronat, parce que le rôle de la convention sera « de limiter par avance, par des tarifs, la « liberté de contrat » entre employeurs et employés ». Et il s'écriait :

Le contrat collectif entre patrons et Syndicats est-il possible ?

En principe, oui; actuellement, non, pour les raisons qui seront exposées tout à l'heure.

Mais le contrat collectif qui proclamerait des règles générales auxquelles tous devraient s'astreindre est-il admissible ?

Jamais, quoi qu'il arrive (1).

« Jamais » imprudent! Un laps de temps bien court devait suffire à le rétracter !... Mais restons en 1907, et à la Fédération des industriels et des commerçants. M. Paul Beauregard, député libéral pourtant, mais juriste, démontrait à la Fédération l'erreur d'appréciation commise sur la nature de la loi :

Supposez, Messieurs, que vous ayez demandé et obtenu la suppression des articles 12, 13 et 14 [qui posent le principe de la convention collective], vous n'aurez rien fait. Vous aurez montré que les conventions collectives ne vous plaisent pas. Vous ne les aurez pas empêchées de se former. Ce genre de convention existe, non pas en vertu des articles du projet, mais en vertu du droit qu'a chacun de vous de contracter comme il lui convient.

... Il y a de ces conventions; on n'a pas attendu, pour les faire, le projet de loi; on a simplement utilisé les droits qui sont dans le patrimoine commun de tous les Français et on s'est entendu comme on a pu. Si les Syndicats ne vous donnent pas des garanties suffisantes, exigez-en; la loi n'a pas à vous en fournir. Elle constate qu'il y a des patrons et des ouvriers qui, par groupements, s'entendent pour faire certains contrats. Nous ne devons pas lui demander de s'y opposer (2).

Nous ne discuterons pas la valeur des objections soulevées dans le monde industriel contre la convention collective;

(1) Cité dans *Rapport Groussier*, p. 400.
(2) *Id.*, p. 401.

l'erreur dans la façon dont on posait la question devait être signalée, parce qu'elle dénature l'œuvre positive proposée au législateur, mais, cette entrave levée, nous n'avons à retenir ici l'opinion des patrons et des ouvriers que comme un fait, qui explique dans une assez large mesure l'attitude à laquelle le législateur s'est arrêté.

Le législateur ne doit pas considérer les questions dans l'abstrait, mais en tenant compte de l'état des mœurs.

Aussi les objections de fait présentent-elles plus de force que les objections de principe. A cet égard, les patrons tiraient de l'état de l'organisation ouvrière des arguments plus sérieux : beaucoup reprochent aux Syndicats de n'offrir aucune garantie, ni numérique, ni morale, ni pécuniaire. Nous n'en discuterons pas davantage, mais, tournés encore vers les faits, nous remarquerons que la pratique a raison de bien des hostilités. L'usage même des conventions collectives devait réagir sur l'état des organisations contractantes. Le législateur ne pouvait méconnaître ce point de vue qu'éclairait vivement l'histoire de la convention collective en Angleterre.

Chez beaucoup de patrons, le motif de l'hostilité contre le contrat collectif est leur hostilité contre le Syndicat. Or, là où le contrat collectif fonctionne, il se produit souvent un effet inverse : ainsi des patrons anglais, adversaires des *trade unions*, ne désirent pas leur disparition *parce qu'*elles permettent la réglementation collective des conditions du travail, qu'à l'épreuve ils ont jugée avantageuse pour les deux parties.

Telle est l'observation d'un enquêteur américain que nous rapporte M. Jay (1). A lire les témoignages qu'il a recueillis, on se représente que le patronat anglais raisonne ainsi : La question n'est pas de savoir ce qu'on préfère — on préférerait toujours être le maître absolu, — mais ce qui donne le meilleur résultat. Et M. Low résume en ces mots son enquête : « En dépit de divergences sur les détails, même de désaccords sur les principes, il y a accord essentiel quant au service que la trade-union a rendu en substituant à l'arrangement qui se forme individuellement entre l'employeur et l'employé la méthode plus satisfaisante et plus scientifique du contrat collectif, grâce auquel les porte-parole du métier peuvent se faire entendre et qui assure pratiquement chez tous les employeurs l'uniformité des salaires, des heures de travail et des autres conditions de l'emploi. »

(1) *Loc. cit.*, pp. 54 et suiv. : enquête de M. Low en 1903.

III. — La tâche du législateur.

Voici donc le législateur en possession des éléments du problème ; il connaît la nature des faits au sujet desquels il lui faut définir le droit : on lui a expliqué la *volonté des contractants*, qu'il doit respecter ; on lui a dit aussi que la pratique des contrats collectifs signifiait une *évolution sociale* dont il avait à suivre le sens. Mais, si la doctrine lui apporte cette double conclusion de son examen et lui permet de savoir ce qu'est substantiellement la convention collective en acte et en puissance, l'opinion représente au législateur l'état des mœurs et le renseigne sur le crédit que rencontre la convention collective.

Recevant les conclusions des études doctrinales, le législateur se pose deux problèmes : 1° *assurer les conséquences juridiques du contrat* ; 2° *développer les effets du contrat dans le sens de l'évolution sociale.*

Selon qu'il envisagera l'un ou l'autre problème, les objections présentées par l'opinion auront une valeur différente : presque nulle dans le premier, très importante dans le second. C'est que l'opinion ne peut empêcher de régler ce qui existe, quoi qu'elle en pense, et ses divergences même obligent à préciser des relations juridiques naissant de faits incontestables. L'opinion fait, au contraire, partie intégrante de l'évolution sociale.

Au surplus, comme le remarquait M. Gavelle, industriel, dans son rapport au Comité républicain du commerce, de l'industrie et de l'agriculture, les avis des Chambres de commerce « ne contiennent que des observations purement négatives » (1) ; on peut en dire autant des résolutions votées par la C. G. T. Le Parlement ne peut tenir compte d'indications de cet ordre dans une œuvre juridique. Quand interviennent des considérations sociales, il en sera d'autant plus impressionné que lui-même vit et pense dans le présent, beaucoup moins sensible aux vues d'avenir que les logiciens juristes et les réformateurs sociologues.

1° **Assurer les conséquences juridiques du contrat.** — Ce premier problème a été défini en ces termes par M. Colson, rapporteur du texte adopté par la Société d'études législatives,

(1) V. *Rapport Groussier*, p. 402.

dont les travaux ont exercé sur la rédaction de la loi une influence presque absolue :

La Commission... a pris pour point de départ ce fait, que les conventions collectives constituent un mode de détermination des conditions de travail déjà assez fréquemment employé, et appelé sans doute à se développer avec la concentration industrielle. Elle a reconnu que, bonnes ou mauvaises, ces conventions sont sanctionnées par la législation actuelle qui reconnaît la validité de tout contrat, du moment où il n'est ni prohibé par un texte formel ni contraire aux bonnes mœurs et à l'ordre public — mais que l'absence de législation sur la matière et l'inexpérience juridique des parties laissent souvent planer la plus grande incertitude *sur la portée de ces accords, sur l'étendue des obligations qui en résultent, sur les personnes liées par ces obligations et sur les sanctions dont elles sont susceptibles.* Il lui a paru que c'était précisément le rôle du législateur, en cette matière comme en toute autre, non pas d'inventer le droit, mais de le définir, en dégageant la portée juridique des actes engendrés par les besoins de la pratique, de manière à éclairer les parties sur certaines conséquences de ces actes que trop souvent elles n'aperçoivent pas, et à guider les juges lorsqu'ils ont à suppléer à l'incertitude des stipulations dont le sens et la portée sont débattus devant eux. C'est pour ces raisons qu'elle a été unanime à reconnaître la nécessité de traiter la matière des conventions collectives, du moment où elle élaborait une législation sur le contrat de travail (1).

Nous avons souligné les mots qui tracent le programme du législateur. En définissant ainsi le droit dans sa généralité, on lui demandera d'apporter des solutions à quelques points précis, sur lesquels, nous l'avons vu, l'incertitude régnait dans la doctrine ou la jurisprudence. La loi devra dire :

Si le Syndicat est un simple intermédiaire ou une partie contractante distincte des membres qu'il représente;

A quelles conditions les signataires de la convention possèdent un pouvoir régulier;

Si l'adhérent à une convention peut y déroger par contrat particulier;

Quel lien se forme entre l'adhérent à la convention et les membres de son propre groupe;

Dans quelle mesure la convention réagira sur les tiers;

Quelle est la durée de la convention;

Si, du fait que ses membres souffrent d'un manquement à la convention, le Syndicat éprouve un préjudice dont il puisse demander réparation;

Si le Syndicat peut exercer les actions de ses membres.

(1) Cité dans *Rapport Groussier*, p. 415.

Nous verrons, au cours de l'étude d'ensemble de la loi, comment le législateur a réglé ces points contestés.

2° **Développer les effets du contrat dans le sens de l'évolution sociale.** — En s'appliquant à cette tâche, le législateur n'échappera pas au second problème, qui dépasse le premier mais le compénètre en partie.

Ainsi ne peut-il envisager la limitation du droit de l'adhérent à conclure un contrat particulier, déterminer la répercussion de la convention sur les tiers sans prendre parti sur la nature de la convention collective. Se renfermera-t-il dans la notion du contrat ou reconnaîtra-t-il à la convention collective une certaine valeur réglementaire ?

Déjà, en fixant obligatoirement ces points, il prendra une orientation. Voudra-t-il, en outre, accueillir les postulats de l'évolution sociale, qui pose ces interrogations :

La convention collective exprime-t-elle les « usages de la profession » ? et, à ce titre, convient-il de considérer, comme le proposait l'article 18 du projet de 1906, qu'une convention existant seule dans une région est présumée dominer tous les contrats de travail de la profession intéressée ? Le Syndicat peut-il intervenir en justice sans autre motif que l'intérêt professionnel ?

La doctrine et la jurisprudence ont eu à examiner aussi ces questions. Mais le législateur tiendra compte surtout de l'état de l'opinion. Comme elle n'est pas toujours conforme à la réalité sociale, il en résultera un désaccord entre les solutions adoptées par le législateur dans le second problème qui lui est soumis : obligé de traiter certains points communs avec le premier problème, il le fera forcément dans le cadre de ce premier problème, en se préoccupant de la réalité sociale, puis il abandonnera cette attitude dès qu'il ne subira plus la contrainte juridique.

Ainsi la loi de 1919 constituera une transaction entre l'appel logique des nécessités sociales et l'état de mœurs présent.

DEUXIÈME PARTIE

La loi du 25 mars 1919

A) ANALYSE DE LA LOI

La loi du 25 mars 1919, « relative aux conventions collectives de travail », a été publiée au *Journal Officiel* du 28 mars 1919.

Elle forme le chapitre 4 *bis* du livre Ier du titre II du Code du travail et de la prévoyance sociale. Pour lui faire place, les anciens articles 31 et 32 ont reçu les numéros 30 *a* et 30 *b;* la loi nouvelle a pris les numéros 31, 31 *a* à 31 *x,* et 32.

Nature de la convention collective.

Le législateur a tenu à insérer, dès l'abord, dans la définition de la convention collective le mot de « *contrat* ». On l'avait écarté dans le projet primitif afin d'éviter la confusion avec le contrat de travail, car la convention collective n'est pas un contrat de travail, elle n'engage personne à travailler ou à faire travailler; elle pose seulement les conditions auxquelles se concluront les contrats. Mais ces conditions résultent bien d'un accord contractuel, et l'on a craint d'affaiblir la notion de convention collective en ne spécifiant pas qu'elle possède toute la force juridique des contrats. D'où la définition :

ART. 31. — La convention collective de travail est un contrat relatif aux conditions du travail, conclu entre, d'une part, les représentants d'un Syndicat professionnel ou de tout autre groupement d'employés, et, d'autre part, les représentants d'un Syndicat professionnel ou de tout autre groupement d'employeurs, ou plusieurs employeurs contractant à titre personnel ou même un seul employeur.

Ainsi le mot contrat peut traduire deux idées : il peut signifier que la nature juridique de la convention collective est celle du contrat, telle que l'entend le Code civil, à l'encontre de la notion réglementaire ; elle peut exprimer que la réglementation des conditions du travail résulte d'un accord de volontés constituant un engagement.

La définition a été formulée surtout pour exprimer la deuxième idée, et viendrait-on à changer la notion juridique de la convention pour en faire une réglementation que le caractère contractuel ne disparaîtrait pas, la réglementation résultant ici d'un accord. Mais la lettre et l'esprit de la loi viennent donner au mot contrat son sens plein : le législateur a bien entendu s'attacher à la notion juridique du contrat qui exige le consentement de toutes les parties et n'engage personne contre son gré : le contrat résulte d'un acte de volonté, tandis que la réglementation s'impose.

De ce que la convention collective est un contrat, il résultera donc que chacun des adhérents ne sera lié que par un acte de sa volonté. Tel est bien le caractère des dispositions de la loi de 1919, d'où leur extrême complication quand elles s'attachent à déterminer les obligations personnelles de chacun.

La loi, d'ailleurs, n'a pu respecter absolument la nature juridique du contrat, trop étroite pour le but, même restreint, qu'elle poursuivait.

Objet de la convention collective.

Il est précisé par le second alinéa de l'article 31 :

Elle [la convention] détermine les engagements pris par chacune des parties envers l'autre partie et, notamment, certaines conditions auxquelles doivent satisfaire les contrats de travail individuels ou d'équipe que les personnes liées par la convention passent, soit entre elles, soit avec des tiers, pour le genre de travail qui fait l'objet de ladite convention.

Cet article tranche, sans entrer dans les débats juridiques, la question du rôle du Syndicat : s'engageait-il personnellement ou n'était-il qu'un simple intermédiaire et disparaissait-il, l'accord une fois signé, ne laissant que des individus en présence les uns des autres ? Chacune des parties, répond la loi, prend des engagements envers l'autre.

Quels sont ces engagements ? La loi ne tente, avec raison, aucune énumération. Elle laisse seulement entendre que certaines stipulations peuvent n'avoir aucun rapport avec les contrats individuels de travail, et c'est la seule justification, de pur fait, qu'elle donne de sa solution : les conventions engagent les parties elles-mêmes et non pas seulement leurs membres.

Elle prévoit donc que la convention pourra contenir des clauses intéressant les seuls Syndicats ; plus loin, elle en indiquera même deux : la garantie d'exécution que peuvent assumer les groupements (art. 31 *s*), l'organisation de l'arbitrage (art. 31 *x*).

Mais le grand objet des conventions est de fixer les conditions qui s'imposeront aux individus : c'est le but même de la loi qui lui donnera toute sa portée quand elle refusera aux individus liés par la convention le pouvoir d'en modifier les règles dans leurs contrats particuliers (art. 31 *q*).

Conditions de validité.

Du fait que la convention collective, ayant la nature du contrat, exige le consentement de toutes les personnes adhérentes, le législateur a été conduit à décider que la convention doit être *écrite,* sous peine de nullité, et qu'elle n'est applicable qu'à partir du moment où elle a été rendue *publique.* Il fallait, en effet, que les personnes appelées à se trouver engagées possédassent un moyen de connaître les clauses de leur engagement, car elles ne participent pas toutes à la discussion de la convention. D'autre part, la convention créant un faisceau d'obligations personnelles, productives d'actions en justice, il fallait donner une base certaine à l'appréciation des droits individuels.

Les adversaires de ces prescriptions légales craignent qu'elles n'entravent le développement des conventions collectives ; des conventions verbales peuvent être en effet passées de bonne foi. Du contractant qui, de mauvaise foi, voudra s'y soustraire, la partie adverse ne pourra obtenir le respect de sa parole devant les tribunaux ; la preuve par témoins est désormais interdite.

On aurait pu décider — M. Millerand avait émis cette idée à l'Association pour la protection légale des travailleurs (1) — que la convention serait écrite sans frapper de nullité les

____

(1) Réunions tenues en 1913 : brochure (nouvelle série, n° 4) des publications de l'Association. (Paris, Alcan, Rivière, 1913.)

conventions verbales ; ainsi les dispositions de la loi n'auraient été applicables qu'aux conventions écrites.

L'obligation de l'écriture enlève désormais leur valeur juridique aux conventions verbales.

L'article 31 *c* de la loi, après avoir imposé l'obligation que la convention soit écrite, à peine de nullité, fixe les formes de publicité : dépôt au Secrétariat d'un Conseil des prud'hommes ou au greffe d'une justice de paix. Ce dépôt peut être fait à plusieurs secrétariats ou plusieurs greffes, et 'les parties peuvent convenir que la convention ne sera applicable que dans le ressort des secrétariats ou greffes auxquels a été opéré le dépôt.

Quoi qu'il en soit des modalités, il faut un dépôt, fait aux soins de la partie la plus diligente et à frais communs, et la convention ne devient applicable qu'à partir du jour qui suit celui de son dépôt : ceci pour donner date certaine de départ au calcul des délais que la loi va fixer.

Les différentes notifications dont parlera la loi seront reçues au secrétariat ou greffe où a été effectué le dépôt (1).

Enfin, la loi décide qu'en cas de conciliation devant le juge de paix, par application de la loi de 1892, lorsque la convention a été dressée par le juge de paix, le dépôt doit être considéré comme effectué.

Conformément à l'article 31 *d*, la convention doit déterminer dans quels lieux elle est valable ; à défaut, elle sera valable dans le ressort du secrétariat ou du greffe qui aura reçu le dépôt. On peut d'ailleurs faire des dépôts successifs, mais les deux parties doivent les faire conjointement.

Les conditions de validité prescrites par la loi ne sont applicables qu'aux conventions conclues après la promulgation du décret d'application (décret du 3 novembre 1919) ; celles qui sont plus anciennes restent applicables, même si le dépôt de ces conventions n'a pas été effectué.

Disons aussi, pour ne pas encombrer la suite de notre exposé, que les prescriptions relatives aux « notifications » sont subordonnées à la même règle.

Parties contractantes.

La loi n'admet de contractants individuels que du côté

(1) Nous verrons qu'elles peuvent aussi être effectuées au secrétariat du Conseil des prud'hommes ou au greffe de la Justice de Paix qui aurait à juger les différends.

patronal, ainsi qu'il résulte de la définition initiale. Il peut toutefois se présenter un cas dans lequel un ouvrier, non pas contractera à titre personnel, mais restera adhérent individuel à la convention : le groupe auquel il appartient ayant dénoncé la convention, il peut rester lié à la convention en démissionnant de ce groupe, cas envisagé dans l'article 31 n alinéa final.

Hormis les patrons contractant à titre personnel, les contractants seront des représentants de groupements. Parmi ces groupements, la loi ne nomme que les Syndicats. Quels seront les autres ?

Les groupements d'employés ou d'employeurs peuvent avoir ou ne pas avoir une existence légale : il y aura donc des associations présentant une organisation durable, ayant une personnalité morale, et des groupements de fait.

Les Associations elles-mêmes, reconnues par la loi, ne possèdent pas toutes la personnalité civile.

D'où trois degrés dans les groupements :

1° Associations possédant la personnalité civile ;

2° Associations quelconques ;

3° Groupements de fait.

Les Associations du premier degré sont les Syndicats et les Associations professionnelles déclarées : la loi du 1er juillet 1901 confère en effet la capacité juridique aux Associations déclarées, mais il ne peut s'agir ici que d'Associations professionnelles : « groupements d'employés ou d'employeurs ».

En raison de cette dernière remarque, les Associations du second degré ne peuvent être que des Fédérations ou Unions de Syndicats. Les Associations non déclarées, possédant une existence légale mais non juridique, ne puisent pas dans leur qualité d'Association le droit de contracter ; elles ne seront donc admises à le faire, en vertu de l'exception établie par la loi de 1919, qu'au même titre que les groupements de fait. Ces Associations étant ainsi rejetées dans la troisième catégorie, la seconde ne peut plus contenir que des groupes supérieurs au Syndicat. A l'époque de la loi de 1919, les Fédérations ou Unions de Syndicats ne possédaient pas le droit d'ester en justice (art. 5 de la loi du 21 mars 1884). On se trouvait donc en présence de cette situation singulière : les Unions de simples Associations professionnelles (loi 1901), Unions capables d'ester en justice, détenaient des pouvoirs plus étendus que les Unions de Syndicats. La loi du 12 mars 1920 a supprimé cette anomalie, si bien qu'à l'heure actuelle notre seconde catégorie de groupements est vidée de tout contenu.

Dès avant la loi de 1919, les groupements de fait pouvaient passer des conventions collectives en vertu de la loi du 27 décembre 1892, qui institua la procédure de conciliation : le résultat de l'accord obtenu par le Comité de conciliation est une véritable convention collective par ses effets immédiats. La loi de 1919 confirme cette situation ; mais elle ne peut faire que cette convention ni les autres qui sont signées par les représentants de groupements occasionnels soient de véritables *contrats* collectifs : le groupement occasionnel ne peut être réellement engagé puisqu'il cesse d'exister aussitôt l'accord conclu. Les parties contractantes, ici, resteront en définitive des individus : à la signature, elles apparaissent bien comme des représentants de groupes ; en réalité, la convention n'est un contrat, productif d'engagements, que pour les rares individus dont la personnalité se trouve désignée ; celles-là seules sont, en fait, les parties contractantes.

Dans un seul cas, le groupement occasionnel apparaît bien comme partie contractante en fait aussi bien qu'en droit : lorsque ce groupement possède des limites définies, une certaine stabilité : ainsi, le personnel d'une usine. Groupement non occasionnel, une Association non déclarée serait dans le même cas.

Mais que le groupement de fait soit occasionnel, tel un Comité de coalition, de grève, ou stable, le résultat sera identique : juridiquement, ses représentants ne peuvent que représenter directement ceux qui composent cette collectivité. Comme le remarque M. Brèthe (1), le contrat qu'ils passent « se ramène à une pluralité de contrats individuels, et encore ne connaît-on pas d'une façon certaine les personnes qui sont obligées ». En effet, même dans le cas d'un groupement stable, ses membres peuvent quitter le groupe ou y entrer. Et, sur ce terrain mouvant de contrats individuels, nulle personne morale ne vient assumer de responsabilité collective.

Plus que l'indétermination des personnes engagées, cette absence de personnalité morale différencie profondément les contrats passés par les Syndicats ou les Associations déclarées et ceux que signent les délégués d'un groupement de fait.

Dans le Syndicat, l'indétermination reste assez grande, puisque sa composition est variable — du moins le titre de

(1) *De la nature juridique de la Convention collective de Travail*, p. 113. (Bordeaux, imprimerie Samie, 1921.)

syndiqué apporte-t-il une précision ; — mais il y a toujours une personne morale engagée : le Syndicat contracte pour lui-même et pour ses membres ; le groupement de fait ne contracte que pour ses membres.

Il existe donc une différence capitale dans la qualité des parties contractantes suivant la nature des groupes qu'elles représentent ; il fallait la mettre en relief, car elle produira des effets de grande importance. Nous le verrons en traitant des parties obligées, de l'étendue des obligations, des actions en justice.

Du pouvoir de contracter.

Respectant l'idée de contrat, la loi ne veut pas que quelqu'un puisse être engagé sans en exprimer la volonté. Et par le mot « quelqu'un », il faut entendre aussi bien une personne morale qu'un individu.

Aussi n'est-ce pas dans un droit propre, inhérent à sa nature, que le Syndicat même puisera le pouvoir de signer une convention collective. Non seulement les délégués d'un groupement de fait ne pourront stipuler pour les individus qu'ils représentent sans en recevoir mission, ce qui est naturel ; non seulement le Syndicat ne pourra engager ses membres contre leur gré, ce à quoi pourvoiraient suffisamment les dispositions légales qui garantissent la liberté de chacun ; mais le Syndicat ne pourra s'engager lui-même sans être muni d'un pouvoir spécial.

Pourquoi cela ? Lorsque les membres d'un Syndicat ont désigné les administrateurs de leur Association, ne lui ont-ils pas conféré le pouvoir de passer tous les actes qui rentrent dans ses attributions légales ? La raison se trouve dans la nature spéciale de la convention-contrat : ici, le Syndicat ne peut s'engager lui-même sans engager du même coup ses membres individuellement. Il en résulte que les représentants du Syndicat ne peuvent engager à la fois le groupe et ses membres que s'ils ont reçu le pouvoir d'engager ces derniers. Selon la remarque de M. Groussier (*rapport*, p. 439), « en vertu de la loi de 1884, ils (les administrateurs d'un Syndicat ou d'une Association) peuvent contracter pour le Syndicat, mais non pas pour ses membres ; ils peuvent engager le patrimoine du Syndicat, mais non pas lier ses membres par une convention collective de travail ».

Aussi la loi (art. 31 *b*) prescrit-elle que les groupes contractants doivent reconnaître à leurs délégués le pouvoir de signer la convention, soit par un mandat préalable, soit par une ratification postérieure.

Ce mandat préalable peut être conféré d'une façon générale par les statuts du groupe qui aurait reconnu à son bureau le pouvoir de passer les conventions collectives de travail. Il peut être conféré en vue d'une convention déterminée, de deux manières : par des mandats spéciaux et écrits donnés individuellement aux délégués par tous les adhérents du groupement ; par une délibération spéciale de ce groupement. Cette dernière forme sera la plus ordinaire, au moins du côté ouvrier. La loi ne spécifie pas les conditions dans lesquelles sera prise cette délibération : ce seront donc celles que fixent les statuts pour la validité de toute délibération du groupe ; et s'il s'agit d'un groupement de fait, ce sera forcément un vote à la majorité. Dans ce cas, il est d'ailleurs beaucoup moins important de posséder un critérium de validité puisqu'il n'y a pas engagement d'une personne morale et que les engagements individuels sont à la merci des volontés individuelles.

La ratification postérieure résultera d'une délibération spéciale du groupement, à laquelle s'appliquent les observations précédentes.

Durée et résolution de la convention.

Il y a lieu de distinguer la durée de la convention elle-même et la durée du lien qui attache les contractants à la convention : ces deux durées ne coïncident pas. Nous envisageons ici la première ; quant à la seconde, on ne peut l'étudier qu'en traitant des *parties obligées*, car elles s'obligent de façon différente suivant que la convention collective appartient, par sa durée, à l'une ou l'autre des catégories établies par la loi.

Ces catégories sont au nombre de trois (art. 31 *e*) :
Conventions conclues sans détermination de durée ;
Conventions conclues pour une durée déterminée ;
Conventions conclues pour la durée d'une entreprise déterminée.

Le type normal est la convention sans détermination de durée. Elle se résout par dénonciation notifiée à l'autre partie. Mais si l'une des parties comprend plusieurs groupements, la convention reste valable pour tous les groupements ou employeurs isolés qui ne notifient pas dénonciation (art. 31 *f*). Nous aurons à examiner la situation de chaque contractant et des membres des groupes contractants.

Le législateur n'avait pas à imposer de durée maxima, puisque — se conformant à la doctrine générale des contrats — il décide qu'un contractant peut toujours se retirer d'une convention collective, comme il peut rompre un contrat individuel de travail, s'il n'a conclu — dans les deux cas — pour une durée déterminée. Il n'avait qu'à préciser que la convention ne se trouve pas résolue parce qu'un contractant se retire : corollaire logique, du moment que les autres gardent la possibilité de dénouer aussi la convention.

Il n'en est pas de même si les parties fixent une durée : assigner à une convention une durée très longue équivaudrait à tourner la disposition précédente, et le législateur a prescrit qu'une durée déterminée ne pourrait être supérieure à cinq années (art. 31 *g*).

Ce laps de temps dépasse d'ailleurs la période durant laquelle les contractants éprouvent pratiquement le besoin de se lier. Et s'il ne suffisait pas, le correctif se trouve dans l'article 31 *h* :

A défaut de stipulation contraire, la convention collective de travail à durée déterminée qui arrive à expiration continue à produire ses effets comme une convention à durée indéterminée.

Rien ne s'oppose, au surplus, à ce que la « stipulation contraire » ne vise à redonner vigueur à la convention collective pour une nouvelle période déterminée ; il suffira que cette stipulation envisage un délai de dénonciation qui ne permette pas de dire qu'on a simplement additionné des fractions de temps inférieures à cinq ans pour arriver à obtenir une durée supérieure à celle qu'autorise la loi.

La solution prise à l'égard des conventions conclues pour la durée d'une entreprise reste dans l'esprit du système : pareille contravention est possible, mais si l'entreprise n'est pas terminée dans une période de cinq années, cette convention est considérée comme conclue pour cette dernière durée (art. 31 *i*).

Parties obligées

Nous abordons le point le plus délicat de la loi. A la question : « Quelles sont les parties obligées? », il ne suffit pas de répondre — avec l'article 31, 2ᵉ alinéa, que nous avons déjà rencontré en étudiant l'objet de la convention collective — : « Mais c'est bien simple : sont obligées les parties contractantes et les personnes qu'elles représentent. » Déjà nous avons vu, en traitant des parties contractantes, que l'obligation ne pèse pas sur toutes indistinctement. Mais la vraie difficulté surgit quand il faut déterminer quelles sont au juste les personnes représentées.

L'article 31 nous indique seulement une division du sujet : nous traiterons successivement : 1° des contractants, et 2°, des membres des groupes. Dans chaque catégorie, il faudra considérer non seulement *a)* qui s'engage, mais *b)* comment les engagés se lient, et *c)* comment ils se délient. Encore faudra-t-il mener cette étude en se plaçant dans les deux cas d'une convention à durée indéterminée ou déterminée.

Avant de l'entamer, énonçons les deux grands principes qui dominent et expliquent les prescriptions de la loi :

Personne ne peut être engagé sans en exprimer la volonté ;

Personne ne peut rester lié contre sa volonté.

1° CONTRACTANTS

Ce sont les groupes ou des employeurs contractant à titre personnel.

a) **Qui s'engage ?** — La distinction que nous avons établie entre les catégories de groupes nous a conduit à reconnaître que les groupes occasionnels ne peuvent être réellement engagés. Dans ce cas, sont seuls engagés, en qualité de parties contractantes, les signataires de la convention. Un Syndicat (ou une Association déclarée) contracte pour lui-même et pour ses membres ; un groupement de fait ne contracte que pour ses membres. Donc, ne seront engagés comme parties contractantes que : 1° les groupes personnalisés, 2° et simplement des individus, soit qu'ils contractent en leur nom propre — employeurs, — soit qu'ils contractent au nom d'un groupement de fait.

Aucune distinction à faire ici entre les conventions à durée indéterminée et celles d'une durée déterminée : les parties contractantes engagées le sont de la manière qu'elles fixent elles-mêmes au contrat.

b) **Comment les engagés se lient.** — Nous n'avons rien à ajouter à ce que nous avons dit en traitant du pouvoir de contracter : du moment que les signataires sont en possession régulière de ce pouvoir, le fait de la signature engage les parties.

c) **Comment ils se délient.** — Ici, au contraire, il faut entrer dans des distinctions.

Les individus qui contractent en leur nom propre sont assimilables aux groupes : ce sont des parties contractantes égales. Les individus qui contractent au nom d'un groupement de fait ne sont pas assimilables aux précédents ; laissons leur cas momentanément pour ne nous occuper que des groupes et des individus contractant pour eux-mêmes à l'égal d'un groupe.

D'abord, il ne peut être question pour eux de se délier d'une convention à durée déterminée : c'est volontairement qu'ils se sont liés de cette manière.

Ils peuvent se dégager à toute époque d'une convention à durée indéterminée, dit l'article 31 *m*, pourvu qu'ils notifient leur renonciation à toutes les autres parties et au secrétariat ou greffe où le dépôt a été effectué. Cette notification doit être faite un mois à l'avance, sauf stipulation contraire.

La convention continue à régir les parties qui ne l'ont pas dénoncée, comme nous l'avons dit : la convention dure toujours — sauf si l'une de ses clauses stipule que la renonciation d'un groupement entraînera la résolution pour tous les obligés : en indiquant (art. 31 *f*) que la convention n'est résolue que par la dénonciation du dernier des groupements adhérents, le législateur n'a pas formulé une règle d'ordre public : toute la loi se propose non de substituer sa volonté à celle des parties, mais de préciser les cas non réglés par les parties, et quand il entend formuler une obligation, il le dit nettement. Loin de vouloir aggraver les obligations consenties, il se préoccupe de réserver la liberté de conduite des contractants dans toutes les situations où il estime que leur volonté peut se modifier. Tel le cas qui nous occupe : le législateur considère que le retrait d'une partie modifie la situation dans laquelle un groupe a pu trouver motif de contracter, ce qui est pratiquement exact : la convention collective ayant pour but principal de régler la concurrence, un groupe aura souvent à reprendre la liberté que vient de recouvrer un groupe concurrent. Il importe donc que tout contractant puisse conserver l'égalité avec les autres. Cela revient à dire qu'il faut supprimer le délai d'un mois pendant lequel le groupe serait encore lié s'il n'avait d'autre ressource que de notifier à son tour sa renonciation. A cela pourvoit cet alinéa de l'article 31 *m* : « Lorsque, en vertu des dispositions de l'article 31 *f*, la renonciation d'un groupement ne doit pas entraîner la résolution de la convention, les autres parties, dans les dix jours qui suivent la notification qui leur a été faite, peuvent notifier également leur renonciation à cette convention, pour la date notifiée par le premier groupement. »

Examinons maintenant le cas du signataire délégué d'un groupement de fait. Logiquement, il doit être assimilé au signataire représentant d'un Syndicat ; la loi n'a certainement pas entendu lui imposer des obligations plus étroites, aucun de ses articles ne permet de le prétendre. Cependant, il diffère du délégué syndical en ce qu'aucune personne morale ne s'interpose entre lui et l'autre partie contractante. Bien qu'il soit irrationnel de l'assimiler à ces autres individus équivalant à un groupement que sont les employeurs non groupés, on pourrait être tenté, par des subtilités de raisonnement, de le soumettre aux obligations des individus parties contractantes ; la portée de cette solution serait de le contraindre à notifier sa renonciation non seulement au greffe du dépôt, mais à toutes les parties contractantes. Il se trouve garanti contre ces exigences par l'alinéa final de l'article 31 n. Cet article décide que tout membre peut se dégager en démissionnant de son groupe et en notifiant sa renonciation au greffe, et l'alinéa final ajoute : « Ces dispositions s'appliquent à toute personne qui, ayant démissionné de son groupement, est restée liée à la convention. » Notre délégué est bien demeuré un adhérent individuel.

Évidemment, on ne peut lui imposer de sortir de son groupe par démission quand le groupe n'existe pas : ce sera la situation du délégué d'un Comité de conciliation ou de grève. Quelquefois, le délégué représentera le personnel d'une entreprise, un Conseil d'usine ; ce n'est pas la démission qui joue en ce cas, mais, ce qui équivaut, le départ de l'établissement.

2° MEMBRES DES GROUPÉS

Les parties contractantes étant des groupes ou des employeurs équivalant à des groupes, les autres personnes liées par la convention sont des individus membres des groupes. Ces individus ne sont pas seulement des personnes *représentées* par les parties contractantes, mais aussi les *représentants* des groupes : pour leur compte personnel, ces représentants n'apparaissent pas différents des autres membres du groupe, ils n'assument pas d'autres obligations, et si la loi les distingue en énumérant les personnes liées, c'est parce que, préoccupée avant tout de rechercher l'expression de la volonté individuelle, elle trouve les représentants dans cette situation de fait qu'ils ont affirmé leur volonté, quant à eux, d'une façon non douteuse : les procédés d'adhésion imaginés pour connaître la volonté des membres des groupes n'ont donc pas de raison d'être à leur égard.

a) Qui s'engage? — La difficulté principale est de savoir quels sont les individus liés par la convention. Il ne suffit pas, en effet, étant donné le système contractuel adopté par le législateur, d'appartenir à un groupement engagé pour être lié par cet engagement ; il faut encore avoir donné son consentement personnel, puisque le consentement, incompatible avec la notion de réglementation, est au contraire inséparable de la notion du contrat.

Comment reconnaîtra-t-on le consentement? En pratique, il serait extraordinairement compliqué d'obtenir l'adhésion préalable de chaque individu ; le législateur se trouvait donc amené à renverser la question et à présumer le consentement, quitte à sauvegarder la liberté de chacun en lui réservant le droit de le refuser. Cependant, le législateur n'a pas osé arrêter cette règle d'une manière absolue. Il a considéré que la convention collective réclamait deux degrés de consentement : le premier acquiesçant aux clauses du contrat, le second à la durée. Il lui a semblé sans inconvénient de supposer un consentement général, sur lequel il est très facile de revenir, tandis que l'aliénation de volonté consentie pour un temps déterminé lui a paru trop grave pour que la loi n'exige pas une manifestation formelle du consentement.

Seront donc engagés, au moment de la signature de la convention, tous les membres des groupes parties à la convention, que celle-ci soit à durée indéterminée ou déterminée ; mais s'il y a durée déterminée, ne seront liés pour cette durée que les membres qui l'auront expressément déclaré ; ceux qui ne donnent pas une adhésion formelle restent liés à la convention, mais la convention est considérée comme étant à durée indéterminée à leur égard (art. 31 *k* et *l*).

Cette présomption d'engagement pose un problème : lorsque le pouvoir de contracter des représentants résulte, comme c'est le cas ordinaire, d'un vote du groupement, il s'est formé une majorité et une minorité. Peut-on prêter aux membres de la minorité l'intention de s'engager, alors qu'ils viennent de proclamer une volonté contraire? Inutile de dire toutes les discussions théoriques fort savantes auxquelles a donné lieu cette question ; il nous suffirait, analysant des règles positives, de constater que la loi a cru suffisamment protéger le droit des minorités en autorisant chacun de leurs membres à se retirer de la convention, si notre question n'avait influé sur le procédé légal imposé pour se retirer de la convention.

On considère que le contrat collectif se superpose à un premier contrat, contrat d'Association, qui rend solidaires les membres du groupe. Les décisions prises par le groupe engagent tous ses membres, et s'il se trouve des décisions qui ne plaisent pas à certains, la ressource leur reste de quitter un groupe dans lequel ils sont entrés volontairement. S'ils y demeurent, c'est qu'ils estiment l'avantage d'appartenir au groupe supérieur à l'inconvénient de subir une décision qu'ils désapprouvent. La liberté de consentement que la loi veut garantir à toute personne s'engageant dans une convention collective consistera donc non à rejeter la convention conclue par le groupe, mais à sortir du groupe.

Ainsi le législateur n'a pas hésité à faire engager la minorité par la majorité ; il a seulement posé les règles suivant lesquelles les membres de la minorité se soustrairont à la convention en se retirant du groupe : nous les indiquerons tout à l'heure. Pour le moment, retenons que la loi : 1º présume le consentement des membres des groupes dans l'espèce de la convention à durée indéterminée, mais demande un consentement explicite quant à la durée déterminée ; 2º présume l'acceptation par la minorité des décisions de la majorité.

L'angle social en même temps que juridique sous lequel nous étudions la convention collective nous oblige à formuler ici une objection : « Pourquoi ne pas permettre à l'individu de se retirer de la convention sans quitter le Syndicat ? On peut briser le Syndicat en procédant ainsi. » C'est que cette disposition est une garantie nécessaire de la solidité de la convention : à quoi correspondrait l'engagement d'un Syndicat dont de nombreux membres pourraient se dérober à la convention ? Il faut choisir entre le point de vue du sort de la convention et le point de vue de l'intérêt syndical ; forcés d'adopter le premier puisqu'ils traitent la matière de la convention, les promoteurs de la loi se rassurent en rejetant l'hypothèse de l'émiettement du Syndicat dans le domaine de l'improbable : les dirigeants d'un groupe ne risqueront pas la mort de ce groupe en l'engageant dans une voie sur laquelle se produiraient trop de défections. C'est vraisemblable ; il n'en est pas moins vrai que, si le système adopté paraît nécessaire dans le cadre actuel de la convention, il apporte l'indication que ce cadre est factice.

Une troisième question se pose. Nous savons bien quels sont, génériquement, les membres engagés, mais nous ne les connaissons pas nominalement. La loi n'a pas cherché à les faire connaître : on saura bien, grâce à la faculté de répudiation, quels individus ne sont pas liés, on ne peut avoir une énumération de ceux qui sont liés. En cas de contestation, le tribunal possède le moyen d'être fixé, au moins dans l'espèce la plus importante : conventions syndicales ; il tiendra pour engagés les membres inscrits au Syndicat et n'ayant pas donné leur démission en répudiant la convention. Ce n'est qu'une détermination des personnes *a posteriori* ; au moment de la signature, on ignore quelles personnes représentent au total les signataires.

La loi n'a pas jugé possible de corriger cette situation ; ses promoteurs ne l'ont pas jugé nécessaire. Pas possible : on estime que les Syndicats n'admettront jamais la communication de leurs listes d'adhérents ; puis, comment tenir la liste des syndiqués démissionnaires mais qui restent liés par la convention ; quant aux membres de groupements résultant de grèves, en demander la liste équivaudrait à rendre vain tout le mécanisme de conciliation de la loi de 1892. Pas nécessaire : ce sont les patrons qui pourraient avoir intérêt à connaître la liste des ouvriers. M. Colson disait à la Société d'études législatives (1) : « Ce qui fait que les patrons signent des contrats collectifs sans tenir essentiellement à savoir avec qui ils contractent, c'est qu'ils se rendent compte que, lors même le sauraient-ils, cela ne les avancerait à rien ; n'ayant pas d'action réelle sur les ouvriers, ils ne s'attachent pas à savoir que tel ou tel ouvrier est lié envers eux, parce qu'ils n'auraient pas plus de moyens d'action pour lui faire respecter l'engagement respectif auquel il participerait qu'ils n'en ont pour lui faire observer un contrat individuel par lequel il est incontestablement lié. La seule chose dont puissent se préoccuper les patrons dans cette situation, c'est de savoir quelle est l'autorité morale de ceux avec qui ils traitent. Ce qu'ils cherchent, ce n'est pas un engagement juridique, parce qu'ils savent que cet engagement n'aurait pas de sanction en fait, et ce qu'il leur importe de savoir, c'est si

---

(1) Cité dans *Rapport Groussier*, p. 443.

les hommes qui acceptent une transaction au nom des ouvriers ont chance d'être suivis. »

Quoi qu'on en pense, il nous semble que s'il était désirable de modifier cet état de choses et de connaître sinon la composition des groupements de grévistes, du moins celle des organisations stables, des Syndicats, les règles nécessaires ne sauraient être posées par une loi particulière telle que la loi du 25 mars 1919 : une pareille réforme est d'ordre organique et devrait affecter la loi organique du syndicalisme.

b) Comment les engagés se lient. — Des règles positives indiquent les différentes façons dont un membre de groupe se trouve lié; il n'y a ici qu'à suivre les énonciations pratiques de la loi.

Convention à durée indéterminée (art. 31 *k*). Les membres de groupes se lient par la convention :

En la signant comme délégués de leur groupe;

En donnant individuellement et par écrit aux délégués mandat spécial pour traiter en leur nom;

En restant membres du groupe partie à la convention.

Convention à durée déterminée (art. 31 *l*). Si la convention est conclue pour une durée déterminée ou pour la durée d'une entreprise déterminée, tous les membres désignés à l'article précédent sont bien liés par la convention dans ses dispositions autres que celles concernant la durée. Pour être liés sur ce point, les membres de groupes doivent :

Ou bien être signataires — ou être nominativement désignés — ou avoir donné un mandat joint à la convention;

Adhérer directement à la durée, en le notifiant au secrétariat ou greffe du dépôt ou du lieu où siège le Conseil des prud'hommes ou le juge de paix qui aurait à juger les différends relatifs à leur contrat de travail.

Renonciation à se dégager. On peut concevoir pour l'individu une façon de se lier autre que l'adhésion aux termes généraux d'une convention non élaborés par lui. Dans son contrat de travail particulier, soumis aux conditions d'une convention collective, il peut insérer l'engagement de se soumettre à ces conditions pendant une durée qui lui est particulière : la durée peut être déterminée pour lui spécialement. La forme de cet engagement sera une renonciation à se dégager pendant un certain temps de la convention en cours.

La loi ne pouvait ignorer cette éventualité. Elle la reconnaît pour la réglementer par l'article 31 *o* :

Un employé ou un employeur ne peut renoncer, pour une durée de plus de cinq années, à se dégager d'une convention en cours.

Par une stipulation d'un contrat de travail, un employé ne peut renoncer à se dégager d'une convention en cours pour une durée supérieure à celle pendant laquelle son employeur est lui-même lié par la convention.

Quelle est la portée pratique de ces dispositions? Nous ne pouvons mieux faire que de reproduire les explications données par M. Groussier à l'Association pour la protection légale des travailleurs (1). Notons bien qu'il envisage les deux espèces de conventions :

Je suppose qu'un industriel passe une convention avec un Syndicat ouvrier. Les parties se mettent d'accord sur une durée déterminée. L'industriel — ou les industriels, car il peut y en avoir plusieurs — se trouve engagé pour la durée; il en est de même des ouvriers qui ont signé pour le Syndicat; mais les autres ouvriers ne le sont pas. Or, l'industriel peut avoir le désir que ces ouvriers soient engagés dans les mêmes conditions que lui-même et pour la même durée que lui. Il peut demander à ses ouvriers de renoncer à se dégager de la convention pour la durée de celle-ci. Mais j'ai tenu à préciser qu'un ouvrier ne pourrait pas s'engager, pour une plus longue durée que son patron, à ne pas se délier de la convention.

Il pourrait se produire, en effet, le fait suivant, que je veux éviter : un industriel, engagé pour une durée de cinq ans, fait passer le même engagement aux ouvriers présents à son usine au moment de la conclusion de la convention, puis, au fur et à mesure que ces ouvriers quittent son établissement, il fait renoncer tous les ouvriers qu'il embauche successivement à se dégager pour une durée de cinq ans; si bien qu'à un moment donné, lui, industriel, ne sera plus engagé, tandis que ses ouvriers le seront encore pour des durées différentes, de sorte qu'il pourrait leur imposer des conditions nouvelles, alors que ses ouvriers encore engagés n'auraient pas la même possibilité.

J'ai simplement voulu qu'il soit possible au patron de demander à ses ouvriers de s'engager pour le même laps de temps que lui, mais que, par contre, il ne puisse pas les obliger à s'engager pour une durée qui dépasserait celle qui le lie personnellement.

D'autre part, je suppose qu'une convention soit conclue pour une durée indéterminée. Il peut être intéressant pour un patron et pour ses ouvriers d'être engagés pour une durée déterminée, un ou deux ans par exemple, au lieu de pouvoir dénoncer la convention en se prévenant un mois à l'avance. Il faut donc indiquer aux patrons et aux ouvriers qu'ils peuvent renoncer à se dégager de la convention pour une durée déterminée.

On le comprend, dans le cas de la convention à durée déterminée, les renonciations négociées à l'intérieur d'un établissement constituent la forme réellement pratique suivant

(1) Brochure citée de cette association, p. 95.

laquelle les ouvriers seront appelés à donner cette adhésion individuelle à la durée que réclame l'article 31 *l*, mais l'adhésion est assouplie, aussi bien quant à la fixation du temps, qui n'est pas forcément celle de la convention, que sous le rapport des formalités de notification.

Le second alinéa de l'art. 31 *o* détruit le piège dans lequel pouvait faire tomber, par son jeu automatique, la durée déterminée d'une convention qui laisse, à une certaine date, le patron libre. Ce piège n'existe pas dans la convention à durée indéterminée : en effet, les parties sont liées indéfiniment, tant que dure la convention, qui ne peut s'appliquer à l'une sans s'appliquer à l'autre, sauf le cas de dénonciation individuelle : mais alors l'éventualité est claire et connue de tous, on peut y parer ; en tous cas, l'article 31 *o* ordonne qu'une partie ne restera pas liée si l'autre ne le demeure pas.

Une autre situation spéciale à la convention à durée indéterminée peut se présenter, qui rendrait victimes de leur volonté de paix le patron et les ouvriers d'un établissement qui auraient renoncé à se dégager d'une convention : les groupements dont ils font respectivement partie sont restés libres de répudier la convention par préavis ; nos contractants vont-ils voir leur liberté entravée au moment où la concurrence va jouer autour d'eux ? L'article 31 *m* dispose :

> La renonciation d'un groupement entraîne de plein droit celle de tous les membres de ce groupement, nonobstant toute convention contraire.

On ne doit pas pouvoir — face inverse de la question — entraver l'action générale d'un groupement dont on fait partie, et il est logique que des conventions greffées sur une convention générale ne survivent pas à celle-ci. Au surplus, le législateur ne méconnaît pas sur un point le respect qu'il professe pour les volontés individuelles, respect qui détruit si souvent l'harmonie de son œuvre : les membres qui voudront ici rester liés à la convention possèdent la ressource de se retirer de leur groupement ; c'est le groupement qui se retire, et on ne peut concevoir qu'il le fasse sans ses membres, mais en quittant le groupement on reprend sa liberté. Si bien que la convention collective, à la conclusion de laquelle ne peuvent intervenir, du côté ouvrier, que des représentants de collectivités, peut cesser d'être collective et comporte ici des adhérents ouvriers individuels.

Pour être valables, les renonciations dont nous venons de

traiter doivent être notifiées (art. 31 *o* dernier alinéa) à l'un des secrétariats ou greffes déjà indiqués pour la notification des adhésions à la durée déterminée.

c) **Comment ils se délient.** — Il n'est plus question, bien entendu, que des conventions à durée indéterminée.

Deux situations : au moment de la signature, au cours de la convention.

Les membres du groupe partie à la convention donnent leur consentement (signataires, mandants) ou sont présumés le donner. Il faut que ces derniers puissent se délier immédiatement si l'on a mal interprété leur volonté. Ils le feront en se retirant du groupement, puisque, nous l'avons expliqué, la conception du législateur exige cette solution. L'article 31 *k* 2e § indique les formalités : dans un délai de huit jours francs à dater du jour de la convention, donner sa démission du groupement et la notifier aux secrétariats ou greffes du dépôt ou du lieu où seraient jugés les différends. On a considéré que le délai de huit jours ne correspond pas au but cherché par la convention lorsqu'il s'agit de faire cesser une grève ou un lock-out, et, dans ce cas, le délai a été réduit à trois jours.

Au cours de la convention, les membres peuvent se dégager personnellement ou être entraînés par la renonciation collective de leur groupe.

Tout membre peut se dégager à toute époque, moyennant les mêmes formalités qu'au moment de la signature : démission et notification (art. 31 *n*). Nous avons dit qu'il ne s'agissait naturellement que des conventions à durée indéterminée : est-il besoin de souligner que ce caractère de la convention est apprécié en fonction de l'individu ? Peu importe que la convention, quant à elle, soit d'une espèce ou de l'autre, du moment qu'elle est à durée indéterminée quant au membre intéressé ; la loi a voulu le dire par scrupule ; elle ajoute aussi que le membre peut se dégager « à moins qu'il n'ait renoncé à cette faculté pour une durée indéterminée ». Inutile d'insister.

Il faut s'arrêter au contraire au délai fixé, et il y a lieu de distinguer entre les conventions conclues pour une durée déterminée et les conventions qui, conclues pour une durée déterminée et arrivées à expiration, se trouvent prorogées par tacite reconduction pour une durée indéterminée.

Dans la première espèce, la notification du membre doit être faite un mois à l'avance, nonobstant toute convention contraire. Ce « nonobstant » constitue une différence avec la règle posée pour les groupements ; pour ceux-ci, l'article 31 *m* prescrit que la notification doit être faite un mois à l'avance, *sauf* stipulation contraire. La différence s'explique par la nécessité de déterminer quelles sont les parties obligées : les parties contractantes, on les connaît bien, mais comment distinguer les individus adhérents si l'on ne met un espace entre le délai assigné pour se retirer au moment de la signature et le délai pour se retirer une fois acquis l'engagement tacite ? Cette prescription de la loi revient à dire que l'individu se trouve lié forcément pendant un laps de temps très court, qui va du neuvième jour à dater du dépôt jusqu'au trentième à dater également du dépôt.

Dans l'espèce d'une convention prorogée, le délai de notification est de huit jours à partir de la date de la prorogation. Ce cas rappelle en effet beaucoup plus l'adhésion à une convention nouvelle que la renonciation à une convention en cours, et il était logique d'appliquer les règles de l'adhésion.

La modalité du retrait des membres appelle une observation. Ce retrait s'effectue par démission et notification. Il fallait joindre ces deux règles ; en effet : la doctrine adoptée commandait, nous l'avons vu, que le membre du Syndicat ne pût se soustraire aux obligations contractées par son groupe sans abandonner celui-ci ; mais si, pour se libérer de la convention, il doit quitter le Syndicat, il n'est jamais tenu de rester dans le Syndicat, groupement volontaire, pour respecter des obligations auxquelles il a consenti. Le membre peut donc quitter le Syndicat sans cesser d'être lié par la convention ; la raison qui le pousse à démissionner ne sera pas toujours — même pas ordinairement — motivée par la convention collective. Il faut donc établir un lien entre les deux attitudes et rattacher la sortie du Syndicat à la répudiation de la convention. C'est pourquoi la loi exige la double formalité.

Corollaire : un membre quitte son Syndicat sans dénoncer la convention ; il ne peut rester lié à celle-ci plus étroitement qu'il ne l'était auparavant : d'où possibilité permanente de dénoncer, aux conditions prescrites. L'article 31 *n* le dit, *in fine* : « Ces dispositions s'appliquent à toute personne qui, ayant démissionné de son groupement, est restée liée à la convention. »

Nous venons de considérer le retrait des membres par renonciation personnelle. Aux cas envisagés, il faut joindre celui d'un employé qui aurait renoncé à se dégager pour une durée déterminée et dont l'employeur se trouverait délié avant qu'il le soit lui-même : nous avons vu que l'engagement de l'employé ne saurait survivre à celui de l'employeur ; il cesserait automatiquement au moment où cesserait l'engagement de l'employeur.

D'autre part, nous l'avons vu aussi à propos des renonciations à se dégager, le retrait des membres peut s'opérer par renonciation du groupement, et nous avons cité l'alinéa final de l'article 31 *m* : « La renonciation d'un groupement entraîne de plein droit celle de tous les membres de ce groupement, nonobstant toute convention contraire. » Cette disposition dépasse le cas de convention contraire que constitue la renonciation personnelle à se dégager. Elle vise le cas général où les membres ne sont liés par aucune stipulation personnelle : ils n'interviennent à la convention que comme membres du groupe, ils suivent le sort de ce groupe ; ils ne peuvent nouer un lien spécial qu'en quittant le groupe. Alors, quand ils voudront se délier, ils seront dans la condition de l'article 31 *n in fine*.

La caractéristique de cet ensemble de règles se dégage nettement : le législateur a voulu préserver l'autonomie individuelle aussi étroitement que peut le supporter la convention collective sans s'écrouler immédiatement ; il a voulu affranchir la volonté individuelle de la volonté d'une majorité. Il veut même garder l'individu contre lui-même et il termine l'exposé des règles de l'adhésion et de la renonciation par cet article :

Art. 31 *p*. — Est nulle toute convention par laquelle les employés et les employeurs renonceraient à la faculté de répudier, dans les formes prévues par les 2e et 3e de l'article 31 *k* :
Soit une convention collective de travail ;
Soit un mandat donné collectivement.

Des adhésions ultérieures.

La convention est en cours ; on conçoit qu'il s'offre deux manières d'y apporter son adhésion : comme partie nouvelle ou comme nouveau membre d'une partie déjà adhérente.

De même que les contractants primitifs ne peuvent être que des groupements ou des employeurs à titre personnel, ainsi ne seront admis comme parties nouvelles que les groupements ou les employeurs non groupés. L'article 31 *j* leur ouvre cette possibilité, mais subordonne leur adhésion au consentement des parties contractantes. Chose curieuse : il ne semble pas

que, dans les discussions préparatoires, on ait attaché d'importance à cette clause; on ne songeait pas qu'elle dût provoquer
l'une des principales critiques adressées à la loi. Nous aurons
donc à y revenir. « L'adhésion n'est valable qu'à partir du
jour qui suit celui de sa notification, ainsi que de celle du
consentement des parties, au secrétariat ou greffe où le dépôt
a été effectué en vertu du § 2 de l'article 31 c. (Art. 31 j,
2e alinéa.) »

Se présenteront comme nouveaux membres : 1o les membres
d'un groupement adhérant ultérieurement; 2o les membres
entrant dans un groupement déjà partie à la convention
(art. 31 k 3o et 4o).

S'il s'agit d'une convention à durée déterminée, les groupements ou les employeurs non groupés adhérant ultérieurement
se trouvent liés pour cette durée (art. 31 l).

Toutes les dispositions rencontrées au cours de notre étude
sur les « parties obligées » sont applicables aux nouveaux
adhérents, groupements ou membres : conditions et délais de
renonciation, adhésion à la durée, renonciation, etc.

Étendue de l'obligation.

Nous en arrivons aux objets précis de la loi qui ont motivé
sa promulgation : il s'agissait de poser des règles nouvelles,
modifiant ou précisant le droit qu'exprimait la jurisprudence
établie, sur trois points : modifier le droit quant à la possibilité de déroger à la convention collective par convention
particulière, et quant à l'impossibilité de déterminer dans la
convention collective un organisme d'arbitrage, préciser le
droit quant à l'intervention des Syndicats en justice. Nous
avons vu jusqu'à présent le législateur s'appliquer à donner
à la convention collective la *forme* des contrats; il va maintenant s'orienter dans le sens divergent que lui impose, quant
au fond, la nature spéciale de la convention collective. Chacun
des trois points indiqués va se trouver dans les trois dernières
parties de cette analyse.

L'examen de l'étendue de l'obligation se divise en deux
questions : *envers qui* et *à quoi* se trouve-t-on obligé? Il faut
y répondre en se plaçant au point de vue des *individus* et
des *groupes*.

1o INDIVIDUS

Pratiquement, l'exécution des obligations contractées concerne surtout les individus : la convention collective a été passée pour soumettre à des règles communes les contrats particuliers. Les obligations assumées par les parties contractantes ne se présentent normalement, dans l'application, qu'au second rang, en fonction des relations individuelles. Arrêtons-nous donc d'abord aux obligations des individus avant de considérer celles des groupes.

Envers qui ? — C'est ici que l'on saisit la complexité du contrat : le membre d'un groupement se trouve pris dans un quintuple lien, vis-à-vis : 1o de l'autre groupe, 2o des membres de cet autre groupe, 3o de son propre groupe, 4o des membres de son groupe, 5o des tiers.

Ces distinctions sont surtout nécessaires pour fixer les actions en justice. Au point de vue de l'exécution du contrat, l'obligation individuelle revêt la même forme à l'égard de tous les co-contractants énumérés sous les quatre premières divisions ; elle ne se modifie qu'à l'égard des tiers.

a) Ce qui mérite attention, c'est précisément cette identité de situation des quatre sortes de co-contractants. Nous verrons que la loi leur accorde à tous une action en justice contre le membre défaillant. Une telle disposition satisfait sans doute à la logique, car l'esprit de la convention collective est de réglementer la concurrence non seulement en faveur de la partie opposée mais surtout en faveur des membres du groupe les uns vis-à-vis des autres ; aussi doit-on dire avec M. Colson : « Chaque participant a un intérêt direct et personnel à ce qu'aucune infraction ne soit commise par ses co-associés, fût-elle admise et tolérée par l'autre partie. » (1) Mais les juristes ne se contentent pas de raisons ; ils se trouvent là en présence d'une dérogation à la doctrine des contrats dont ils veulent trouver les fondements juridiques. Un contrat, disent-ils, n'est pas un engagement à suivre telle ligne générale de conduite personnelle... mais laissons la parole à M. Jean Brèthe (2) :

La convention collective, si elle est un contrat, est un contrat entre collectivités et entre individus appartenant respectivement à des collectivités opposées, entre chaque patron syndiqué et chaque ouvrier syndiqué, par exemple. Mais on ne saurait prétendre que la convention collective est un contrat entre membres de la même collectivité, ou entre les membres et la personne morale, car un contrat suppose deux

(1) Cité dans *rapport Groussier*, p. 387.
(2) *De la nature juridique de la Convention collective de Travail*, p. 131.

personnes de situation opposée entre lesquelles se noue une obligation, tandis que, dans la convention collective, l'opposition n'existe qu'entre les deux groupes, patronal et ouvrier, et à l'intérieur de chaque groupe tous les ouvriers, tous les patrons sont dans la même situation. Comment donc justifier l'action du groupe contre ses membres, et les actions que ceux-ci peuvent exercer mutuellement les uns contre les autres ?

M. Brèthe examine les diverses théories juridiques qui s'efforcent de répondre, et il conclut avec la plus rigoureuse justesse :

Il faut arriver à conclure que cette convention collective doit être un acte du droit objectif, une règle de droit, puisque, en l'absence d'une faute contractuelle, les actions en dommages-intérêts qui la sanctionnent ne peuvent que dériver d'une faute délictuelle, d'une violation d'un devoir imposé par la loi.

Si l'on veut bien, en effet, considérer un instant la convention collective de travail comme *la loi réglementant l'activité externe des membres des groupements professionnels*, on expliquera aisément par le caractère *absolu* de la règle de droit s'imposant au respect de tous ceux qui tombent sous son application, les multiples obligations individuelles qui pèsent sur les individus soumis à la convention.

Les effets de la convention collective, tels qu'ils ont été fixés par la loi du 25 mars 1919, ne peuvent donc entièrement s'expliquer par la notion de contrat. Ils supposent, au contraire, une nature réglementaire.

Mais ce n'est pas tout. Cette même contradiction entre le contrat et le règlement, cette même tendance, chez le législateur, à faire prédominer le caractère réglementaire de la convention collective, se retrouvent ailleurs. Nous allons voir, en effet, que non seulement la convention collective produit des obligations, comme tout contrat, mais que, dans certains cas tout au moins, elle est dotée d'une force impérative qui dépasse celle du contrat, et la rapproche des lois d'ordre public dont la sanction est la nullité des actes qui les violent. Pareillement, les contrats individuels de travail intervenant entre deux personnes liées par la convention collective, sont nuls s'ils contiennent des clauses contraires à cette convention.

Bien qu'une analyse se restreigne au domaine objectif, nous devions intercaler dans la nôtre ces considérations juridiques parce qu'elles montrent sous quelle orientation peut se développer la convention collective qui contient ce germe si vigoureux de réglementation.

b) Donc, une règle commune s'impose aux rapports de tous les co-contractants. Nous avons dit que, en outre, l'individu se trouve lié vis-à-vis des tiers. Et l'on peut très justement employer ce mot de « lien ». L'individu, à la vérité, n'est pas lié *avec* les tiers, il n'a pas envers eux d'obligations dont ceux-ci puissent réclamer justice ; mais il est lié par son contrat et envers ses co-contractants, dans son attitude *propre* vis-à-vis des tiers. Ainsi dispose l'article 31 *a* :

> S'il n'y a clause contraire, les personnes liées par la convention collective de travail sont tenues d'observer les conditions de travail convenues dans leurs rapports avec les tiers.

Cette disposition respecte bien la nature de la convention collective, qui n'est pas un contrat de travail mais un contrat de conditions de travail : je m'engage à ne travailler qu'à telles conditions, à ne donner de travail qu'à telles conditions, je fixe les conditions de mon travail. Mais on s'éloigne encore plus que tout à l'heure de la nature du contrat : inutile d'y insister.

Même là, cependant, on retrouve la préoccupation qu'a conservée le législateur, tout au long de son œuvre, de revêtir la convention collective de l'aspect des contrats, alors même qu'il s'éloignait le plus de la doctrine contractuelle. Décidant de laisser à la volonté des contractants de fixer le ressort régional dans lequel s'appliquera la convention, il ne pouvait moins faire que de leur accorder le pouvoir de limiter aussi le ressort personnel. Les stipulations précises font la loi des parties ; en leur absence, on laissera s'épanouir la nature intime de la convention.

A quoi ? — A quoi se trouve obligé l'individu soumis à une convention collective ? Le fond de son obligation est invariable dans tous les cas, mais la force impérative change, et, par suite, les effets pratiques, suivant que l'individu contracte avec une personne soumise à la convention ou avec un tiers.

a) L'obligation entre co-contractants, à laquelle se rattachent toutes les autres dispositions de la loi et qui en est l'âme, est formulée par l'article 31 *q*.

> ART. 31 *q.* — Lorsqu'un contrat de travail intervient entre un employé et un employeur qui doivent, aux termes de l'article 31 *k*, être considérés comme soumis l'un et l'autre aux obligations résultant de la convention collective de travail, les règles déterminées en cette convention s'imposent, nonobstant toute stipulation contraire, aux rapports nés de ce contrat de travail.

Il est évident que sans cette disposition la loi perdrait toute efficacité. Aussi n'a-t-elle été contestée par aucun de ceux qui ont pris part à l'élaboration de la loi ; ils se contentent d'en montrer le caractère logique : « Les engagements... ont été pris vis-à-vis de tous les autres adhérents, disait M. Colson (1)... Les parties ne peuvent d'ailleurs se plaindre qu'il soit porté atteinte à leur liberté, quand on se borne à déclarer non valables les contrats qu'elles auraient passés en violation d'engagements antérieurs librement consentis. » Là encore, les juristes reconnaissent que l'article 31 *q* est nécessité par la pratique, mais ils ne sauraient admettre, selon l'expression de M. Groussier *(rapport,* p. 511), qu'il « comble une des lacunes les plus graves de la jurisprudence » : là jurisprudence s'établissait en parfaite connaissance du sujet quand elle admettait la validité de ces dérogations par contrat que la loi nouvelle interdit; c'est d'un changement du *droit* qu'il s'agit. Nous entendions tout à l'heure M. Brèthe nous démontrer le caractère réglementaire de l'obligation créée par la loi. Ses considérations expliquent l'*effet* pratique de l'article 31 *q,* auquel notre auteur nous conduisait. Nous lui confierons encore le soin de nous l'exposer.

Un contrat de travail particulier a été signé entre un patron et un ouvrier soumis à une convention collective, et ce contrat déroge en quelque point aux clauses de la convention. Que va-t-il se passer?

Ce contrat est nul et inexistant... et son contenu est remplacé de plein droit par les dispositions de la convention. Il ne suffirait pas, en effet, de le déclarer nul : il y a eu une relation de fait, un travail accompli par l'ouvrier au profit du patron, il faut donc savoir comment juridiquement cette relation de fait doit être traitée, quel est le salaire, par exemple, auquel a droit l'ouvrier. Pour cela, on se reportera à la convention collective : c'est elle qui est directement applicable comme s'il n'y avait pas eu de contrat de travail. Ses dispositions s'imposent obligatoirement : ou les parties les adoptent en leur entier dans leur contrat individuel, et celui-ci est valable et produit effet; ou elles sont écartées par la volonté des parties, et alors le contrat est nul, et la situation de fait qui subsiste est régie directement par la convention collective. C'est ce qu'on appelle en doctrine « l'effet automatique » : les clauses de la convention collective sont, en effet, automatiquement transportées à la place des clauses nulles du contrat individuel (2).

Bien entendu, cet effet n'est pas exclusif de l'action en dommages-intérêts, qui nous occupera plus loin; il vient s'y ajouter, par une force supérieure à la volonté des parties.

Complétons les observations déjà faites sur le « virus »

(1) Cité dans *rapport Groussier,* p. 511.
(2) Jean Brèthe, *op. cit,* p. 138.

réglementaire que contient la loi par cette appréciation
de M. Brèthe (1) :

Si la convention collective n'est rien qu'un contrat résultant de
l'accord d'une multitude de volontés individuelles, nous comprenons
bien que, deux de ces volontés s'entendant pour éluder les obligations
générales qui pèsent sur elles, il y ait manquement au contrat
collectif, faute et action en dommages-intérêts, mais nous ne voyons
pas comment on peut priver cet accord particulier de tout effet, le
tenir pour nul, et y substituer de plein droit et contre le gré des
parties les clauses de la convention collective. Une loi réglementant
en détail toutes les conditions du travail, à peine de nullité des conventions contraires, n'aurait pas une force plus grande.
Conclusion : les auteurs de la loi de 1919 ont donné satisfaction à
la pratique, et ils ont eu raison, en décidant la nullité des contrats
individuels de travail dérogeant à la convention collective. Mais ils
ne se sont pas aperçus qu'en introduisant cette exception au droit
commun des contrats, ils se mettaient en contradiction avec l'essence
même de contrat, et que, s'ils gardaient le mot, ils déformaient l'institution. Le « contrat collectif » n'existe pas. Il y a le contrat tout
court, œuvre du libre accord des volontés individuelles; et puis il
y a la loi, qui est faite aussi par des individus, mais pour une collectivité, et qui s'impose à tous les membres de cette collectivité, même
contre leur gré.

b) En traitant des obligations de l'individu vis-à-vis des
tiers, le législateur est revenu à la notion du contrat : non
dans le principe, nous l'avons dit, mais par la liberté laissée
à la volonté individuelle et par l'effet que produit le manquement à la convention.

Art. 31 *r*. — Lorsqu'une seule des parties au contrat de travail
doit être considérée comme liée par les clauses de la convention collective de travail, ces clauses sont présumées s'appliquer aux rapports
nés du contrat de travail, à défaut de stipulation contraire.
La partie liée par une convention collective de travail, qui l'oblige,
même à l'égard des tiers, et qui aurait accepté, à l'égard de ceux-ci,
des conditions contraires aux règles déterminées par cette convention,
peut être civilement actionnée à raison de l'inexécution des obligations par elle assumées.

Cet article transporte dans le domaine de la pratique le
principe posé par l'article 31 *a* : la règle est que toute personne liée par une convention doit en observer les clauses
quand elle contracte avec un tiers. L'article 31 *r* ne se contente pas de répéter sous une autre forme le précepte de
l'article 31 *a*. Celui-ci s'applique à la *convention* même : les
signataires peuvent stipuler qu'elle sera valable seulement

(1) *id.*, p. 142.

entre les personnes liées par elle; c'est la « clause contraire » à la règle; dès lors, un individu lié peut contracter à telles conditions qu'il lui plaira avec un tiers. L'article 31 r nous met en présence d'une convention dans laquelle on n'a pas utilisé la clause contraire et suppose qu'un *individu* placé sous le régime de cette convention passe un contrat de travail; la loi prévoit alors ou bien le silence des contractants ou bien une « stipulation contraire » aux conditions fixées par la convention. Il n'est plus question de la « clause contraire » *dans la convention* — une répétition d'article ne servirait à rien, — mais bien d'une stipulation du *contrat particulier* qui vient déroger à la convention alors qu'il est justement acquis que celle-ci ne contient pas la « clause contraire ».

En cas de silence des contractants, la loi *présume* que le tiers accepte les conditions de la convention. Présomption qui serait rude si elle n'était simplement fragile! Parce que la convention est considérée comme un contrat, la loi n'admet pas qu'elle s'impose à une personne qui n'est point partie à ce contrat, et elle vient décider que cette personne étrangère au contrat entend en accepter les conditions dès lors qu'elle ne les repousse pas formellement! En réalité, cette présomption ne signifie à-peu près rien. Il est facile de s'en rendre compte en posant le cas concret : un patron embauche un ouvrier : ou bien il l'embauche aux conditions générales en usage dans son entreprise, et la simple constatation de ce fait exprime assez clairement la volonté des parties, qui n'a plus besoin d'être interprétée; ou bien il l'embauche à des conditions particulières, qui sont alors spécifiées.

Le cas intéressant est celui de la « stipulation contraire ». En la mentionnant, la loi exprime d'abord qu'elle est possible, mais non plus au même titre que la « clause contraire » de l'article 31 *a* : celle-ci est correcte; l'autre ne l'est pas. Pourtant, elle est légale aussi? Assurément, et la loi ne peut faire autrement que de l'admettre, parce qu'une des parties — l'étranger à la convention — a le *droit* de prendre tels engagements qu'il lui plaît, et la loi prétend protéger sa liberté. La « stipulation contraire » est donc valable, mais elle est fautive de la part de l'individu lié par la convention collective.

Celui-ci restera tenu d'exécuter son engagement particulier, mais il peut être actionné par les personnes ou les groupements parties à la convention, à l'égard desquelles il a violé son engagement général.

2° GROUPES

Reprenons nos deux questions : envers qui et à quoi sont obligés les groupements ?

Envers qui ? — Aucune difficulté : la signature de la convention précise absolument quelles sont les parties contractantes, et il ne peut être ici question des tiers, qui n'interviennent que dans la conclusion de contrats individuels. Les groupements sont obligés envers la partie opposée et les membres que celle-ci représentent. Ils le sont, en outre, envers les autres groupes et les membres appartenant à ces groupes ou à eux-mêmes, qui constituent avec eux une même partie : les raisons — et les critiques — fournies à propos des « individus » valent pour les groupes, et d'ailleurs la loi, en accordant des actions aux groupes, en accorde aussi contre eux : nous le verrons en étudiant les articles 31 *t* et 31 *u*.

Principale remarque à ce sujet : le groupe est responsable de ses agissements vis-à-vis de ses propres membres : une pareille disposition, sans fondement juridique, ne pouvait résulter que du texte formel de la loi.

A quoi ? — Les obligations assumées par les parties contractantes, avons-nous dit, ne se présentent normalement, dans l'application, qu'au second rang, en fonction des relations individuelles. Telle est bien la pensée du législateur, qui fixe d'abord les effets individuels de la convention, et vient dire ensuite :

ART. 31 *s*. — Les groupements d'employés ou d'employeurs liés par une convention collective de travail sont tenus de ne rien faire qui soit de nature à en compromettre l'exécution loyale.

Ils ne seront garants de cette exécution que dans la mesure déterminée par la convention.

Bien que cet article se propose principalement de dicter aux Syndicats (1) leur attitude pendant que se nouent les contrats individuels de travail, il vise aussi les engagements propres du Syndicat. La convention leur crée : 1° des obligations personnelles, allant d'eux-mêmes à la partie opposée ; 2° des obligations par rapport aux obligations de leurs membres.

Obligations personnelles : nous avons vu, en parlant du

____

(1) Nous disons « Syndicats » pour prendre le cas habituel ; ce qui les concerne s'applique à tout groupement personnalisé.

« contenu de la convention », que certaines clauses passent par-dessus la tête des membres et ne concernent que le groupe : par exemple, l'organisation de l'arbitrage ; d'autres ne se rapportent pas directement au contrat individuel de travail : par exemple, l'obligation de n'embaucher que certaines catégories de personnes. Ce genre d'obligations sera quelquefois positif, comme dans le premier exemple, la plupart du temps négatif : la principale obligation personnelle résultant de la convention consiste à ne pas déclarer la grève tant que la convention est en vigueur.

Les promoteurs de la loi considéraient, en outre, que les Syndicats s'engagent non seulement à respecter les clauses de la convention, mais encore à s'efforcer de les faire respecter par leurs membres. Pure considération morale : la loi dit bien que « les groupements sont tenus de ne rien faire », elle ne dit pas qu'ils sont tenus de faire. Si le Syndicat est incité à faire respecter la convention par ses membres, il en trouve le vrai motif dans son désir de faire respecter son autorité : et c'est la vraie garantie d'exécution sur laquelle comptera la partie opposée, la raison pratique qui la pousse à contracter.

Elle peut cependant réclamer des garanties positives, qui se rapportent aux obligations des membres du Syndicat. Ces garanties, on se les figure de deux sortes.

Les premières — non mentionnées par la loi — seront des clauses imposant au Syndicat de prendre des mesures à l'égard de ses membres défaillants ; par exemple, le Syndicat appliquera des peines disciplinaires à ceux de ses membres qui violeraient la convention.

Une stipulation de cette nature ne rend pas, à proprement parler, le Syndicat responsable de la conduite de ses membres ; elle part même du principe opposé, car si le Syndicat était responsable, tout manquement individuel des membres se présenterait comme un manquement personnel du Syndicat, donnant immédiatement ouverture à une action en dommages-intérêts contre le Syndicat. Or, loin de reprocher au Syndicat ce manquement, la partie opposée lui demande de s'unir à elle pour maintenir la convention dans sa rigueur. Si le Syndicat restait insensible à cet appel, il serait fautif, non de la faute de son membre défaillant, mais de la faute qu'il commet lui-même contre la convention, en ne s'acquittant pas de l'acte d'autorité auquel il s'est engagé pour la faire respecter. Et, pratiquement, si un tribunal avait à juger un pareil cas, il devrait fixer les dommages-intérêts non en rapport avec le préjudice partiel qu'a entraîné la faute du syndiqué, mais en rapport avec le préjudice beaucoup plus grave que représente l'ébranlement d'un traité considéré en bloc.

De pareilles clauses s'accordent parfaitement avec la nature de la convention collective, dont elles renforcent la vigueur. Au contraire, le second genre de clauses — que cette fois la loi mentionne — n'est pas normal, quoi qu'en pense une opinion répandue. Le Syndicat ne peut être responsable que de ses propres agissements : on ne répond, logiquement, que des actes dont la détermination vous appartient; contractuellement, cette solution est encore plus stricte. Bien entendu, si le Syndicat n'est pas resté étranger à la violation commise par un de ses membres, il est responsable; mais il a commis une faute personnelle : c'est celle-ci qui est punissable, non la faute du membre. Quand le membre a agi en dehors de l'influence du Syndicat, on ne saurait justifier une responsabilité syndicale.

C'est ce qu'a tenu à proclamer le législateur, qui admet en même temps que le Syndicat puisse accepter une responsabilité plus lourde. Mais alors, il faut que la convention le dise et qu'elle fixe dans quelle mesure le Syndicat est garant de l'exécution.

Dans la réalité, on se préoccupe beaucoup moins de faire encourir au Syndicat des responsabilités que d'obtenir une sanction effective de ses responsabilités avérées.

Lors de la discussion à l' « Association pour la protection légale des travailleurs » (1), M. Frèrejouan du Saint objectait : « Il faut commencer par se préoccuper d'augmenter la capacité civile des Syndicats ouvriers de façon à obtenir une sanction efficace au cas de violation du contrat collectif de travail. » La loi du 12 mars 1920 renversera cette objection dans son principe; dans le fait, la plupart des Syndicats continueront à ne présenter qu'une surface insignifiante. Mais il faut se rendre compte du peu d'intérêt de cette situation par rapport à la convention collective, dans laquelle les considérations morales prennent bien plus de valeur que les gages matériels; l'importance de ces derniers formerait plutôt un obstacle à la conclusion de conventions qui peuvent réagir rudement sur la fortune syndicale. Et si un patron contractant voulait faire jouer la garantie qu'autorise l'article 31 s, ce serait le Syndicat le plus sérieux qui serait frappé, celui qui

____

(1) Voir la brochure n° 4, nouvelle série, de cette Association. p. 31.

essayerait de faire régner l'accord quand bien des membres y sont peu disposés, celui qui risque d'être désavoué alors qu'il ne craint pas de prendre une initiative de paix. Le Syndicat sans consistance n'hésitera pas à signer.

LES « USAGES DE LA PROFESSION »

Il faut, après avoir traité des individus et des groupes engagés, indiquer d'un mot que l' « étendue de l'obligation » peut atteindre des personnes complètement étrangères à la convention.

Cet effet serait normal si la convention était une réglementation. Mais il n'est pas anormal que des contrats particuliers fournissent au droit une base générale. Nous en voyons de nombreux exemples en jurisprudence, et les tribunaux font souvent état des « usages ». Il faut, pour cela, que les contrats particuliers aient fait passer dans la pratique des règles habituelles.

Il en sera de même pour les conventions collectives : elles n'engagent que les parties liées, mais elles peuvent se généraliser suffisamment pour que les tribunaux considèrent leurs conditions comme étant devenues les usages de la profession. Ce n'est pas la convention qui obligera les étrangers, mais l'usage que révèle la convention.

Bien entendu, pour que des étrangers à la convention puissent s'y référer, il ne faut pas qu'ils soient liés par un contrat individuel qui contiendrait des clauses contraires à celles de la convention.

Clauses d'arbitrage.

Une obligation que peuvent s'imposer les contractants consiste à remettre à des arbitres le jugement des litiges que peut faire naître l'exécution de la convention. La loi porte :

Art. 31 *x*. — Sont valables les dispositions de la convention collective de travail par lesquelles les parties remettent à des arbitres, désignés ou à désigner dans des formes déterminées, le jugement de tout ou partie des litiges que peut faire naître l'exécution de cette convention.

C'est la seconde dérogation formelle au droit commun que contient la loi de 1919, s'écartant du système contractuel pour répondre à l'esprit social de l'institution.

Les explications que peut appeler cet article nous paraissent suffisamment données par le rapport de M. Colson à la Société d'études législatives (1) :

L'institution du Comité de conciliation ou d'arbitrage est une des dispositions les plus usitées et les plus utiles dans les conventions collectives. L'expérience montre que la conciliation est plus efficace que l'arbitrage pour résoudre les litiges présentant un intérêt général, et quand il faut invoquer la force exécutoire d'une décision pour amener l'une des collectivités en conflit à s'y soumettre, il est bien rare que l'accord résiste à cette épreuve. Mais des arbitres peuvent fort bien trancher les difficultés de détail ou d'espèce qui surgissent quotidiennement dans l'interprétation ou l'application d'un contrat intéressant des parties nombreuses, et il est facile de confier cette mission à des personnes ayant une compétence plus spéciale que les juges de droit commun.

Or, les dispositions du Code de procédure civile ne permettent pas de faire de l'arbitrage le mode obligatoire de jugement des difficultés à naître entre employeurs et employés, dans une région et pendant une période déterminées, puisque le compromis n'est valable que s'il porte sur une espèce particulière, s'il désigne les objets en litige et les noms des arbitres. La Commission est donc d'avis qu'il y a lieu d'insérer, dans le texte relatif au contrat de travail, une disposition spéciale, rendant légales les clauses qui soumettraient à l'arbitrage les litiges à naître d'une convention collective, et réglant le mode de désignation des arbitres, sans choisir nommément des personnes qui pourraient cesser d'être en situation de remplir leur mission avant l'expiration de cette convention collective.

Actions en justice

Il va de soi que les actions en justice ne peuvent être exercées que par des personnes : individus ou groupements personnalisés. A ces personnes la loi ouvre le plus vaste champ d'actions. Nous avons vu combien sont complexes les liens que noue la convention collective : à chaque obligation correspond une action ; à certaines correspondent même plusieurs actions. Il faut les étudier en distinguant les actions individuelles et les actions collectives ; les variétés de ces dernières se rangent elles-mêmes en deux grandes catégories.

1° ACTIONS INDIVIDUELLES

Théoriquement, on en voit de deux sortes, selon que l'action puise sa source : dans une violation de la convention collective par un acte direct ou par un contrat non valable, — ou dans une violation par un contrat valable.

a) On peut violer la convention par un ACTE direct con-

(1) Cité dans *rapport Groussier*, p. 522.

traire à ses clauses. Il n'y a pas eu de contrat particulier posant des conditions illégitimes; les rapports d'employeur à employé sont régis directement par la convention; un acte abusif peut se produire, soit contre les *clauses générales* de la convention, soit contre les clauses qui forment, par le seul fait de l'embauchage, *contrat de travail* individuel. Par exemple, première espèce : un patron embauche un ouvrier non syndiqué alors que la convention l'oblige à n'employer que des syndiqués; deuxième espèce : un patron ne paie pas le salaire fixé par le tarif conventionnel.

On peut également violer directement la convention en passant, avec une personne liée, un CONTRAT de travail particulier non conforme aux clauses conventionnelles.

Dans ces divers cas, la loi, par l'article 31 *u*, accorde une action à toutes les personnes liées, et cette action s'exerce contre toute personne ou groupement fautif *à leur égard*.

L'étude que nous avons faite de l' « étendue de l'obligation » nous a montré qu'il faut entendre ces mots « à leur égard » dans le sens le plus large : ainsi, un patron ne payant pas le salaire fixé peut être actionné non seulement par l'ouvrier lésé, mais même par un patron de son propre Syndicat; l'engagement qu'il a contracté intéresse en effet ses collègues qui ont prétendu, en se soumettant à des règles communes, limiter entre eux la concurrence.

En étendant ce raisonnement, on voit quel réseau d'actions en justice protège la convention collective. Bornons-nous à un exemple : le syndiqué privé de travail parce que son Syndicat a déclaré la grève en violation d'une clause organisant l'arbitrage, possède une action contre le Syndicat.

Le résultat de toutes les actions de cette classe est double : dommages-intérêts, nullité des contrats dérogeant à la convention.

Cette classe d'actions est circonscrite aux personnes liées. D'ailleurs, l'article 31 *u* ne mentionne qu'elles. Cependant, en vertu de l'article 31 *r* alinéa premier, on doit reconnaître une action de même ordre au tiers qui est « présumé » régi par la convention; mais nous avons vu (1) qu'il est à peu près impossible de trouver le cas concret.

b) Le tiers tient au contraire une place principale dans l'autre classe d'actions envisagée : actions nées d'une violation par un contrat valable.

(1) P 74.

Les contrats dérogeant à une convention et néanmoins
valables sont, en effet, ceux-là seuls qui sont passés avec des
tiers (art. 31 *r* deuxième alinéa).

Les violations de ce genre ouvrent les mêmes actions que
précédemment et elles n'en ouvrent pas d'autres : si le tiers
trouve à bénéficier d'une action envers une personne liée,
cela ne résultera pas de la loi de 1919, mais des règles habituelles des contrats qui l'autorisent à exiger l'exécution d'un
engagement particulier. Mais ces actions n'ont plus le même
effet : le contrat particulier reste valable et la partie défail-
lante ne peut être que civilement actionnée en dommages-
intérêts.

Ainsi, quand nous disions qu'on voit des actions individuelles de deux sortes, pensions-nous à la différence des
circonstances et des effets, mais les actions elles-mêmes ne
diffèrent pas de nature.

Retenons que — sauf l'observation faite — le tiers ne
possède pas d'action et qu'il n'y a pas d'action contre lui.

Remarque. — Une autre action personnelle peut naître de
la convention : c'est l'intervention à une instance engagée
par un groupement. Inutile d'épiloguer sur le sens de
l'article 31 *v* (dernière phrase du premier alinéa), qui, après
avoir posé que le groupement peut exercer les actions de ses
membres, décide que « l'intéressé peut toujours intervenir à
l'instance engagée par le groupement » ; on peut discuter sur
ce qualificatif d' « intéressé », parce que l'article semble
indiquer par là celui même, et seul, dont le groupe exerce
l'action. Mais les principes généraux du droit nous suffisent
pour admettre l'intervention de quiconque, lié par une convention, a « intérêt » à son exécution : il suffit que la faute
incriminée ait causé un préjudice pour ouvrir un droit à
dommages-intérêts. L'intéressé sera celui qui subit un préjudice par suite de l'inobservation d'un contrat auquel il est
partie.

2° ACTIONS COLLECTIVES.

Deux grandes catégories, avons-nous annoncé. En effet, il
en est une, d'abord, qui est absolument parallèle aux actions
individuelles : la convention consacre des obligations à l'égard
des groupes comme à l'égard des individus, les groupes lésés
comme les individus lésés doivent pouvoir défendre leur droit,
et le caractère collectif ne modifie pas substantiellement le

genre de l'action. En outre, le Syndicat s'est vu accorder par la loi de 1919 des droits plus généraux ou plus spéciaux.

Action propre au Syndicat. — La jurisprudence avait primitivement contesté le droit des Syndicats de poursuivre en justice les manquements à une convention collective, parce que, à son avis, les Syndicats ne contractaient pas en leur nom propre. La loi n'aurait liquidé qu'une querelle désuète si elle s'était contentée d'affirmer le droit propre du Syndicat : sur ce point, elle précise, mais sans utilité. Elle précise utilement un point sur lequel la jurisprudence se montrait encore hésitante : celui de savoir si l'inexécution de la convention cause un préjudice au Syndicat. La jurisprudence admettait le Syndicat à intervenir s'il était prouvé qu'il agissait pour la défense des intérêts collectifs : il ne devait pas réclamer au sujet de la lésion subie par un de ses membres. En conséquence, la sanction pouvait varier : ayant reconnu le droit d'intervention des Syndicats, la jurisprudence le limitait parfois à réclamer l'application de la convention, ce qui lui paraissait la sanction corrélative au principe sur lequel se fondait le droit du Syndicat à intervenir ; allant plus loin, la jurisprudence admettait parfois que le Syndicat subissait un préjudice ouvrant le droit à des dommages-intérêts.

La loi précise et affirme le droit à dommages-intérêts, mais, par un effet singulier, elle accomplit à la fois un pas en avant et un pas en arrière. En reconnaissant un droit propre au Syndicat, elle réduit la base de ce droit qui était fondé sur la notion de l'intérêt collectif : le droit du Syndicat provient désormais de son titre de partie au contrat ; la loi ne le lui reconnaît en effet que s'il est lié par la convention collective. Ceci résulte de la conception contractuelle du législateur et confirme sur un point la crainte exprimée par M. Jay qu'une loi vînt entraver le développement favorable de la jurisprudence.

Nous verrons cependant que la notion d'intérêt collectif n'a pas encouru un échec complet ; mais ici nous parlons de l'action propre au Syndicat comme partie à la convention.

Partie liée, le Syndicat possède toutes les raisons d'ester en justice que possèdent les individus. Il défend un contrat dont toute violation constitue une atteinte à l'engagement pris envers lui.

Cette atteinte, il la subit directement lorsqu'elle touche aux *clauses générales* : nous avons vu que les individus pouvaient trouver en elle la source d'une action ; en fait, c'est le Syndicat qui, directement lésé, réclamera justice. Mais les manquements aux clauses qui informent le *contrat de travail* particulier affectent l'œuvre accomplie par le Syndicat, désagrégeant l'effort d'entente que représente la convention.

Sans reprendre les considérations produites à propos des actions individuelles, nous pouvons transporter ici tout ce qui a été dit à leur sujet, notamment sur leurs effets. L'article 31 *t* accorde aux groupements liés les mêmes actions que l'article 31 *u* accorde aux personnes individuelles.

Remarque. — Même parallélisme pour l'intervention d'un groupement à une instance engagée par un individu. L'action syndicale est distincte de l'action individuelle et se cumule avec elle : la loi en a envisagé deux cas particuliers, que nous allons rencontrer immédiatement, cas d'actions syndicales *motivées* par une action — ou l'absence d'une action — individuelle. L'intervention d'ordre général que nous envisageons ici n'est pas motivée par l'action individuelle, elle n'est pas fondée sur les droits des membres : elle est l'exercice du droit *propre* du Syndicat, qui se joint simplement à une action individuelle pour faire prononcer dans une même instance la solution du litige.

De même, l'intervention d'un groupement peut se produire dans une instance engagée par un autre groupement.

Actions en faveur des membres. — Ici, ce n'est plus une précision qu'apporte la loi, mais une innovation ou plutôt deux innovations : l'une, vraiment nouvelle, conférant au Syndicat un droit *spécial*, très déterminé, celui d'*exercer les actions de ses membres;* l'autre, transportant dans la matière des conventions collectives un principe déjà reconnu dans d'autres domaines, et conférant au Syndicat une parcelle du droit *général* de défendre *l'intérêt collectif*.

/ a) *Action au nom des membres.* La loi permet au Syndicat d'exercer l'action individuelle de ses membres :

Art. 31 *v* (1ᵉʳ alinéa). — Les groupements capables d'ester en justice qui sont parties à la convention collective de travail peuvent exercer toutes les actions qui naissent de cette convention en faveur de chacun de leurs membres, sans avoir à justifier d'un mandat de l'intéressé, pourvu que celui-ci ait été averti et n'ait pas déclaré s'y opposer. L'intéressé peut toujours intervenir à l'instance engagée par le groupement.

Avec cet article, nous sortons carrément des terrains battus : il ne s'agit plus de défendre un droit propre, non plus que d'agir au nom de l'intérêt professionnel, mais bien de se substituer à une autre personne et de plaider pour elle : dérogation à la vieille formule : « Nul en France ne plaide par procureur. »

C'est la pratique, ici, qui a imposé au droit ses nécessités. Le redressement des torts risquait bien de rester inclus dans les textes de lois si l'ouvrier victime d'un abus devait poursuivre lui-même réparation. C'est à lui qu'on a pensé, songeant à sa crainte des représailles, des frais et des ennuis d'un procès. Mais le sort de la convention y est également intéressé : des brèches minimes ne causent pas, chacune, un préjudice qui vaille un procès : leur répétition doit inquiéter le Syndicat. Puis celui-ci peut avoir intérêt à faire trancher une question de principe. Ces considérations valent pour un Syndicat patronal comme pour un Syndicat ouvrier.

Ces motifs expliquent les conditions posées par la loi. « Sans avoir à justifier d'un mandat de l'intéressé » : s'il fallait un consentement, la disposition légale aurait chance de rester lettre morte. Cependant, on ne va pas jusqu'à permettre au Syndicat de passer outre à l'opposition de l'intéressé, à cause justement des raisons qu'il peut avoir de ne pas vouloir ce procès. On a d'autant plus facilement admis cette restriction que le Syndicat conserve toujours le droit d'exercer son action propre.

On voit que l'action syndicale se différencie nettement, ici, de son droit d'intervention à l'instance engagée par un individu. Le Syndicat utilise une action née de la convention en faveur d'un de ses membres — action que ledit membre n'utilise pas.

Dans ce cas, les dommages-intérêts vont naturellement à l'individu, tandis que l'intervention exercée par le Syndicat en vertu de son droit propre le rend attributaire des dommages-intérêts.

Une autre condition de la loi est que le Syndicat soit partie à la convention. La pensée inspiratrice de l'article 31 *v* explique pour partie cette condition : il s'agit de faire respecter la convention collective grâce à une intervention assez forte ; le débat se poursuit entre contractants. Mais la pensée n'est pas complètement respectée : il s'agit aussi de défendre le droit d'un individu trop faible ; le législateur aurait pu accorder les deux points de vue en reconnaissant au Syndicat étranger à la convention le droit d'exercer l'action d'un de ses membres pourvu que celui-ci fût lié par la convention,

Cela n'eût pas contrevenu à la conception contractuelle, puisque le Syndicat exerce non une action propre, mais celle d'un engagé.

Au fond, cette omission n'est regrettable que pour l'harmonie de l'ensemble; la fin de l'article 31 *v* confère au Syndicat étranger le droit d'intervenir à l'instance engagée par un membre lié; l'omission ne lui retire que le droit d'engager l'instance lui-même. Or, le syndiqué cédera facilement à la pression du Syndicat s'il n'a de bonnes raisons pour se refuser à un procès; s'il a de bonnes raisons, il se serait opposé à ce que le Syndicat exerçât son action.

Cette réflexion diminue la valeur de l'article 31 *v* tout entier, qui apparaît comme une victoire théorique des partisans du Syndicat défenseur de l'intérêt collectif : c'est un jalon sur la route de l'élargissement du droit syndical. Après avoir regardé le Syndicat comme le défenseur naturel du membre de la profession dans une affaire où ils sont ensemble engagés, on accomplira une seconde étape en confiant à ce défenseur les affaires où le membre seul est engagé; une dernière étape libérera l'action syndicale des questions personnelles, et en fera le défenseur de l'intérêt professionnel en soi.

b) Action au nom de l'intérêt collectif. La seconde étape, la loi de 1919 l'accomplit dans un autre genre d'actions, dont traite le deuxième alinéa de l'article 31 *v* :

Lorsqu'une action née de la convention collective de travail est intentée soit par une personne, soit par un groupement, les autres groupements capables d'ester en justice, dont les membres sont liés par la convention, peuvent toujours intervenir dans l'instance engagée, à raison de l'intérêt collectif que la solution du litige peut présenter pour leurs membres.

Ce texte suppose le cas d'une action engagée par une partie liée; il accorde le droit d'intervention aux groupements dont ses membres pourraient subir les effets du jugement rendu, parce que ces membres sont liés eux-mêmes à la convention, et il ne subordonne pas ce droit d'intervention au fait que les groupements soient liés par la convention. Les groupements interviennent ici en raison de l'intérêt collectif de leurs membres.

On voit quelle différence existe entre cette intervention et, d'une part, celle que le Syndicat possède en vertu de son droit propre de partie contractante, d'autre part, celle qu'il possède au nom de ses membres. Là, il n'exerce pas leur action, mais une action à lui; seulement, cette action à lui, elle n'est pas fondée sur son droit propre, mais sur le droit collectif de ses membres, dont on le reconnaît défenseur.

Le sens de cet article eût été complètement changé si l'on avait maintenu la rédaction primitive. Il est indispensable de la rapporter :

Lorsqu'une personne liée par une convention collective de travail intente une action à raison du préjudice qui lui a été causé par une violation de la convention, le groupement auquel elle appartient peut toujours intervenir dans l'instance engagée, à raison de l'intérêt collectif que la solution du litige présente pour tous ses autres membres, si ce groupement est capable d'ester en justice *et s'il est lui-même partie à la convention.*

Cette rédaction n'eût produit d'autre effet que de spécifier que le droit d'agir déjà possédé par le Syndicat partie à la convention s'exercerait par intervention dans l'instance d'un de ses membres, en considération non de son droit propre de défendre la convention ni du droit de défendre l'intérêt du membre plaignant, mais en considération de l'intérêt des autres membres. Ces considérations, nous semble-t-il, ne changeraient rien au fait de l'intervention : exerçant son droit propre de partie à la convention, le Syndicat eût obtenu pour lui-même des dommages-intérêts; il les aurait obtenus de même ici.

En supprimant la condition, « s'il est lui-même partie à la convention », la loi change le motif de l'intervention syndicale : le Syndicat en général apparaît comme le défenseur naturel des intérêts d'un professionnel. Non encore de la profession, sans doute, puisqu'il ne peut agir que si le professionnel est lié à la convention. Mais cette condition, résultant du système contractuel, n'empêche pas ce résultat : le Syndicat, rendu habile à intervenir par le mince intérêt d'un membre, se trouve défendre l'intérêt général d'une multitude de professionnels, peut-être, qui ne sont nullement engagés dans la convention. A la vérité, la loi spécifie que le droit d'intervenir appartient au groupement non lié « dont les membres sont liés ». Mais, ces membres liés, irez-vous en opérer le dénombrement ? Le Syndicat nouvellement fondé — c'est l'hypothèse sur laquelle on a édifié l'article — n'accueillera-t-il dans ses rangs que des membres liés ? Pareille exigence ne répond ni au droit général ni aux règles de la loi de 1919, qui ne donne pas le moyen de connaître individuellement les membres engagés. Le Syndicat intervenant dans l'espèce de l'article 31 *v* n'agit donc pas au nom de l'intérêt de la profession; en fait, son action tend au maintien de règles générales dont bénéficiera, par réaction, mais dont bénéficiera quand même, une partie de la profession qui n'est pas représentée à la convention.

Ce n'est pas le large motif tiré de la loi de 1884, qui remet au Syndicat la mission de défendre les intérêts professionnels ; c'est, favorisée par un motif qui permet de respecter le système légal, une brèche par où l'intérêt collectif professionnel s'introduit (1). Le Syndicat ne peut défendre, dans la matière de la loi de 1919, que l'intérêt de ses membres ; mais il lui arrive, grâce à ce motif, de défendre l'intérêt d'une partie de la profession non liée à la convention, quand lui-même ne s'y trouve pas engagé, circonstance qui le fait encore mieux apparaître comme représentant de l'intérêt collectif (2).

TRIBUNAUX COMPÉTENTS

D'après l'article 1er de la loi du 27 mars 1907, les Conseils de prud'hommes sont compétents pour statuer sur les difficultés qui peuvent s'élever à l'occasion du contrat de louage d'ouvrage entre les patrons et ceux qu'ils emploient. Leur juridiction, exceptionnelle, ne peut s'étendre à des cas autres que ceux prévus par la loi. En conséquence, le Conseil de prud'hommes, — le juge de paix à son défaut — recevra les affaires qui portent sur l'application d'un contrat individuel de travail, que l'action soit introduite par un individu ou par un groupement qui, en vertu de l'article 31 v, exerce l'action appartenant à ses membres (3).

(1) Voir dans la brochure de l'Association pour la protection légale n° 4 (nouvelle série) la discussion extrêmement intéressante soutenue par M. Gemahling contre M. Groussier.

(2) Cette circonstance est indispensable en l'espèce, puisque, on s'en souvient, si le Syndicat est engagé, tous ses membres se trouvent liés. Cette observation explique que l'on ait dû, supprimant les derniers mots de l'art. 31 v dans sa rédaction primitive, modifier la rédaction de tout l'alinéa : n'exigeant plus que le groupement soit partie à la convention, il fallait restreindre la portée des mots « intérêt collectif » en parlant des « membres liés par la convention ». On a également élargi l'espèce en ajoutant aux actions individuelles intentées les actions de groupements.

(3) « Toutefois — dit la loi du 3 juillet 1919 (J. O., 6 juillet) modifiant l'art. 32 de la loi du 27 mars 1907. — les différends entre les employés et les patrons peuvent être portés par les demandeurs devant les tribunaux ordinaires, lorsque le chiffre de la demande est supérieur à 2 000 francs en capital. » Le même article continue ainsi : « Les jugements des Conseils de prud'hommes sont définitifs et sans appel, sauf du chef de la compétence, lorsque le chiffre de la demande n'excède pas 300 francs en capital. »

Le Conseil des prud'hommes n'étant compétent que pour le commerce et l'industrie, les actions précisées ci-dessus seront portées devant la justice de paix pour les différends de l'agriculture, des professions libérales ou des domestiques.

Si l'affaire ne concerne pas directement les conditions du contrat individuel de travail, elle doit être portée, suivant les cas, devant le tribunal civil, le tribunal de commerce ou la justice de paix. Ainsi en sera-t-il dans l'espèce d'une action individuelle relative aux clauses générales de la convention, dans l'espèce d'une action engagée contre un groupement, et dans l'espèce d'une action engagée par un groupement qui agit non pour exercer l'action de ses membres, mais en son nom propre.

Reste le cas où un groupement veut exercer à la fois une action en faveur de ses membres et son action propre : il le fera devant la juridiction civile ou commerciale.

Dispositions pratiques.

Pour assurer la publicité de la convention collective, l'article 32 de la loi prescrit de centraliser les notifications prévues en divers passages. Celles-ci, en effet, peuvent être effectuées dans divers greffes ou secrétariats ; toutes doivent être centralisées au secrétariat ou greffe qui a reçu le dépôt de la convention.

La loi ajoute qu'il sera donné gratuitement communication à toute partie intéressée des conventions collectives de travail et des notifications y relatives. Des copies certifiées conformes pourront lui en être délivrées à ses frais.

Un décret du 3 novembre 1919 (*J. O.* du 5 nov.) arrête les détails pour l'application de ces mesures pratiques, ainsi que la façon dont s'opérera le recouvrement des frais et honoraires. Ce décret fixe les émoluments dus pour chaque opération : dépôt, notification, copie, etc. A retenir que les notifications doivent être faites par lettre recommandée.

Au sujet des droits de timbre et d'enregistrement, consulter la lettre du ministre des Finances en date du 9 mars 1920 (reproduite par le *Bulletin du ministère du Travail*, numéro de mars-avril 1920).

Appendice : Des sentences arbitrales.

La loi de 1919 ne fait allusion qu'une fois aux sentences arbitrales, à la fin de l'article 31 c : « Le dépôt, prévu au § 2 du présent article, doit être considéré comme ayant été effectué lorsque, en vertu des dispositions de la loi du 27 décembre 1892, la convention collective de travail a été dressée par le juge de paix. »

Cette simple mention suffit à établir — ce qui est d'ailleurs reconnaissance d'un fait — qu'une convention collective peut résulter d'un arbitrage ; elle ne prouve pas que tout arbitrage conduise à une convention collective.

Il convient de distinguer trois applications de la loi de 1892 :

La conciliation. Elle résulte d'un acte volontaire des parties ; dès lors, que l'accord soit ou non provoqué par le juge de paix, le procès-verbal qui le constate est une véritable convention collective.

L'arbitrage prononcé par des arbitres représentant les parties. Ces arbitres, nommés par les parties, expriment leur volonté ; la sentence prononcée d'accord peut aussi être rapprochée d'une convention collective.

L'arbitrage prononcé par un arbitre départiteur. Si les arbitres choisis par les parties ne tombent pas d'accord, ils nomment — ou le président du tribunal civil nomme, à leur défaut — un arbitre départiteur. On ne peut plus dire que celui-ci exprime la volonté des parties : il rend un jugement.

Ici, la *nature* de la sentence arbitrale diffère de la nature de la convention collective.

Ses *effets* pourtant pourront être les mêmes, à une condition :

Pour devenir valide, une convention collective doit être acceptée par le groupement intéressé : celui-ci doit ou bien qualifier d'avance ses représentants, par ses statuts, par mandats spéciaux ou par délibération spéciale, ou bien doit après coup ratifier la convention par délibération spéciale. De même, dans le cas d'une sentence arbitrale, une collectivité ne peut pas être engagée si elle ne l'a pas décidé collectivement, à moins que l'arbitrage ne soit obligatoire.

Si donc l'arbitrage est facultatif, le sentence ne peut obliger un groupement malgré lui. Le groupement sera engagé d'avance si la matière du différend a fait l'objet d'un compromis par lui accepté ; il sera engagé après coup s'il ratifie la sentence.

Si l'arbitrage est obligatoire, les parties s'y soumettent non comme à une convention mais comme à une loi. La sentence n'est pas une convention, elle en produit simplement les effets :

Mais — dit M. Groussier *(rapport,* p. 451) — remarquons que l'arbitrage ne peut être imposé à un groupement volontaire, mais seulement à un groupement solidaire (1).

De quel droit la loi ferait-elle peser sur les syndiqués une obligation qui n'atteindrait pas les non-syndiqués ? L'arbitrage ne peut pas être obligatoire pour un Syndicat, mais pour l'ensemble des travailleurs en conflit d'un ou de plusieurs établissements, ou mieux pour l'ensemble d'une profession.

En fait, la sentence arbitrale résultant de l'obligation a les mêmes effets que la convention collective; les personnes sont liées dans les mêmes conditions; elles se soustraient à l'application de la sentence en quittant l'établissement ou la profession auxquels s'applique la convention.

B) CARACTÈRES DE LA LOI

Après avoir analysé la loi, il conviendrait de la juger. On peut le faire de deux points de vue :

1o On confrontera les dispositions de la loi avec un système idéal, et l'on approuvera ou condamnera l'appareil législatif dans son *ensemble,* selon qu'il rapproche ou écarte l'idéal conçu ; dans le même esprit, on examinera les *détails* de la loi et on les estimera fâcheux ou bienfaisants.

Cette position ne saurait être la nôtre : nous n'avons pas, ici, à proposer un système idéal, et nos critiques se trouveraient ruinées dans leurs fondements si notre point de vue était contesté.

2o Mais une critique objective se placera au point de vue même de la loi. Etant donné le *but* qu'elle s'est assigné, la loi atteint-elle ce but? Correspond-elle, d'autre part, au *mouvement social* dont elle prétend suivre l'orientation? Voilà deux positions objectives.

La seconde — indispensable en une étude sociale, — nous avons montré le souci de ne point la négliger en étudiant le mouvement antérieur à la loi, et nous devrons encore lui faire sa part dans l'avenir. Pour le moment, nous devons adopter, au moins à titre principal, la première position.

Cette attitude nous amène à faire très restreinte la part des critiques de détail : en général, ou bien elles proviennent de conceptions subjectives, que nous écartons, ou bien elles sont inhérentes au système de la loi et se fondent dans l'ex-

---

(1) Groupement volontaire : résultant d'un pacte d'association ; groupement solidaire : résultant d'une circonstance de fait.

posé de ses caractères. Il en est cependant qui touchent à des points que l'on pourrait modifier sans altérer l'esprit de la loi.

Nous enregistrerons rapidement les principales des *critiques de détail;* les plus élevées nous conduiront au point central de ce chapitre : *caractères de la loi,* et nous verrons ensuite comment la loi répond aux caractères qu'on a voulu lui donner : *critique générale.*

Ceci nous ramènera au point de vue de l'évolution sociale, sous lequel, dans le chapitre suivant, nous aurons à donner une conclusion sur la loi de 1919.

Critiques de détail.

Les critiques de détail, avons-nous remarqué, peuvent varier à l'infini suivant les tendances d'esprit personnelles. Les plus objectives, c'est-à-dire celles que l'on formule en tâchant d'entrer dans l'esprit des auteurs de la loi, se groupent autour de trois idées principales.

INCONSISTANCE ET INSTABILITÉ

On ne sait au juste avec qui l'on traite, et, par suite, quel est le contour du domaine d'application de la convention collective. M. Crétinon (1) voudrait « rendre publique et fixe la composition du Syndicat, en imposant des conditions de forme pour l'adhésion et la démission et en exigéant la publicité de la liste des adhérents ». Nous avons dit ce que l'on répond, avec plus ou moins de force, à cette critique.

Si cette réforme était opérée, il resterait que la composition du Syndicat est instable. On ne peut, sans répudier la conception actuelle du Syndicat, y retenir ses membres dans le seul but de fortifier la convention collective, qui n'est qu'une manifestation du Syndicat et non son essence. Il faudrait corriger la facilité avec laquelle on se dégage non du Syndicat, mais de la convention. « On devrait, dit M. Crétinon, effacer le droit de démission de l'article *k* et déclarer définitivement assujettis tous les membres inscrits au Syndicat au moment de la conclusion de la convention collective. » Mais en effaçant le droit de démission exercé *pour* se soustraire à la convention, comment ne pas toucher au droit permanent de

____

(1) Article de la *Chronique sociale de France,* numéro de juin 1919.

sortir du Syndicat? Il n'est pas facile de concilier les deux points de vue.

L'opinion de M. Crétinon offre l'intérêt de s'exprimer sur le terrain du droit civil et de rechercher les garanties ordinaires des contrats; or, c'est justement par souci du droit civil que le législateur a voté l'article *k*, respectant le droit de chacun.

INCERTITUDE ET INEFFICACITÉ DES SANCTIONS

Nous emprunterons aussi à M. Crétinon la critique sur l'incertitude des sanctions. La loi ne précise pas le genre de condamnations qu'elle autorise. La mesure du préjudice subi est bien difficile à évaluer, surtout quand il s'agit du dommage causé à une personne morale. Dans le cas où un Syndicat poursuit ses membres, il les fait condamner à des dommages-intérêts; « il faut ajouter, je pense — dit M. Crétinon, — que le Syndicat pourra exclure ses membres infidèles. Sera-ce licite aussi de publier leurs noms, de les mettre en interdit en refusant de s'embaucher dans l'atelier où ils travaillent, etc.? C'est bien dommage que le législateur ait été si réservé sur les moyens de contrainte parce qu'il laisse trop à faire à l'interprète et au magistrat. Dans ce silence, je suis réduit à penser que ces moyens sont permis, pourvu, bien entendu, qu'on s'abstienne des injures et des violences. »

Quant à l'inefficacité des sanctions, elle réside surtout dans l'insolvabilité des Syndicats et des ouvriers. Un obstacle fondamental a été supprimé par la loi du 12 mars 1920 : les Syndicats peuvent désormais posséder. Il n'en résulte pas qu'ils posséderont ! Moins grave apparaît l'objection quand elle porte sur l'insolvabilité des ouvriers. Comme on l'a fait observer à plusieurs reprises dans les discussions, les patrons recherchent surtout, en signant une convention, l'engagement de la collectivité. « Ce n'est pas — disait M. Jay à l'Association pour la protection légale (1) — l'absence de responsabilité des ouvriers que les Chambres de commerce font valoir contre le contrat collectif, c'est l'absence de responsabilité des Syndicats. »

Mais il faut élever le débat. De ce que les Syndicats se trouvent désormais en état de présenter des garanties, et en admettant qu'ils les présentent effectivement, cela ne change

(1) Brochure citée, p. 81.

pas le problème fondamental : quelle est la mesure de la responsabilité pécuniaire des Syndicats ? Nous avons vu combien, pratiquement, elle semble réduite. On peut même contester que le succès des conventions collectives exige nécessairement la responsabilité pécuniaire effective des Syndicats. En effet, on recherche cette responsabilité dans l'esprit du droit privé ; son absence désempare la logique parce qu'on se place dans la conception d'un contrat civil et l'on en cherche l'armature habituelle. Ce faisant, on force les faits et on les dénature. Dans la pratique, on conclut avec un Syndicat parce que l'on estime utile, en l'espèce, son action pour arriver à une entente. Cette considération appartient beaucoup plus aux motifs du droit public que du droit privé ; l'intérêt que l'on trouve à l'intervention des Syndicats est de rencontrer en eux des organes qui expriment la volonté d'une partie tout au moins de la profession ; en s'élevant au-dessus de la sphère des intérêts personnels, on espère dégager des règles favorables aux intérêts généraux ; envisagés dans ce rôle, les Syndicats sont utiles *pour exprimer la justice, non pour la rendre*. Leur responsabilité consiste bien davantage à travailler au bien commun, quitte à encourir des insuccès, qu'à assumer des responsabilités contractuelles.

Au fond — observe M. Crétinon, — les Syndicats patronaux et ouvriers constituent, comme on l'a dit souvent, le gouvernement provisoire de la profession. Quand ils déterminent les conditions du travail, ils font acte d'autorité, quoique sans le savoir. Ce qu'ils élaborent, c'est une réglementation contractuelle. Ils n'agissent pas vraiment comme des particuliers, mais comme des organes de droit public. Les corporations avaient jadis ce rang et cette place dans la cité. Elles aspirent, dans la confusion et presque l'inconscience, à le reprendre.

La réalité des faits vient ainsi contredire la formule législative ; aussi ne s'étonnera-t-on pas qu'il soit difficile d'appliquer une conception civile de la responsabilité à un ordre de choses qui comporte des responsabilités d'une autre espèce.

Mais alors on objectera que les Syndicats, presque entièrement soustraits aux responsabilités pécuniaires, devraient offrir, comme représentants de la profession, des garanties numériques et morales. Or, les Syndicats, tels que nous les connaissons, n'en présentent guère !

A quoi les auteurs de la loi répondent : « Vous n'êtes jamais forcé de traiter. La convention est libre ; les garanties sont affaire d'estimation des parties, comme entre un client et un commerçant. Aux intéressés de ne contracter qu'à bon escient! » En fin de compte, on se rangera volontiers à l'avis de M. Zirnheld : « Il n'est qu'une garantie absolue de l'exécution du contrat... : c'est la volonté formelle d'exécuter ce à quoi on s'est engagé... » (1)

Il faut bien, avec M. Tessier, convenir de l'inanité pratique de toute contrainte en dehors de celle qui est dictée par la conscience. La loi ne peut exercer qu'une influence bien restreinte dans ce domaine ; tout au plus peut-on avancer que le développement des conventions collectives est capable non de déterminer le respect de contrats devenus habituels, mais de créer le milieu propice à la culture de ce sentiment.

Ici, on peut reprocher à la loi de ne point avoir cette influence favorable. Elle semble contrarier l'acquisition de ces garanties numériques et morales que l'on réclame : ces garanties ne peuvent trouver le terrain favorable à leur croissance que si la représentation de la profession n'est pas accaparée par de petits Syndicats sans surface et sans valeur ; il faut que la profession fasse entendre sa voix par des représentants vraiment qualifiés. Or, loin de s'orienter vers l'élargissement des organisations professionnelles, la loi les enserre dans le cadre étroit d'un contrat de droit privé.

Cette critique atteint l'esprit même de la loi ; ce ne serait plus une « critique de détail » que de reprocher à la loi de n'avoir pas établi l'organisation professionnelle ; mais, à défaut de la servir, elle devait éviter de la contrecarrer ; elle l'a fait par quelques dispositions particulières, que nous avons le droit de retenir ici, tout en observant qu'elles nous rapprochent de la critique générale du système.

OBSTACLES A L'ORGANISATION PROFESSIONNELLE

Sans disloquer le système contractuel, la loi aurait pu élargir le rôle des collectivités de manière à étendre le champ de la convention collective.

Nous avons vu, en étudiant les « actions collectives », que le Syndicat ne pouvait agir en justice au seul nom de l'intérêt professionnel. Il n'eût pas été inconciliable avec le régime contractuel de lui reconnaître ce droit ; la meilleure preuve en réside dans la jurisprudence de la Cour de Cassation, et l'on se représente parfaitement qu'un Syndicat, défenseur de

(1) Cité par M. GASTON TESSIER dans l'article « Sur la convention collective de travail » (*Revue des Jeunes* 25 nov. 1919).

l'intérêt collectif, agisse pour faire respecter des contrats non parce qu'il y est partie, mais parce qu'il personnifie les intérêts généraux de la profession ; la convention collective constitue un acte professionnel dans lequel le Syndicat étranger n'a rien à voir contractuellement, mais dont il doit défendre la vie comme il doit veiller à l'application des textes légaux réglementant le travail.

Aussi bien, n'est-ce pas du point de vue contractuel que M. Groussier, à l'Association pour la protection légale, s'opposait à cette thèse, soutenue par M. Gemahling. M. Groussier tirait argument de l'inorganisation professionnelle pour dénier à un Syndicat déterminé le droit de se donner comme représentant de la profession ; il peut exister côte à côte deux, trois Syndicats qui voudraient exercer le droit d'intervention au nom de la profession. Il nous paraît que M. Groussier remettait en cause, sans s'en douter, toute la loi de 1884. Lorsqu'il disait : « Et quand il y a deux Syndicats dans une profession ? Je ne peux pas concevoir comment chacun de ces deux Syndicats peut représenter l'ensemble des intérêts de la profession... » M. Gemahling lui rétorquait très juridiquement : « Ce sont des organes différents d'un même intérêt professionnel. »

Sans remporter la victoire, M. Gemahling a obtenu la rédaction nouvelle de l'article 31 *v*.

Au cours de cette discussion (1), un membre de l'Association, M. Ernst, produisit une remarque qui soulève une seconde « critique de détail ».

J'avoue — disait M. Ernst — ne pas bien comprendre l'utilité de ce débat, car il me semble y avoir en l'article 31 *j* une réponse suffisante aux questions qui viennent d'être posées. Les Syndicats ont un moyen bien simple à leur disposition, c'est de faire l'adhésion à la convention collective prévue à l'article 31 *j*.

Il n'y a qu'un malheur : c'est que cette adhésion ne dépend pas uniquement de la volonté des Syndicats qui la désirent ; l'article 31 *j* exige « le consentement des parties contractantes ». Or, la pratique a révélé — on aurait pu le deviner — que la rivalité farouche de certains Syndicats dressait une barrière. Quand un Syndicat chrétien veut poser sa signature au bas d'une convention collective avec la C. G. T., celle-ci, très souvent, refuse de traiter plutôt que de ne pas se considérer comme représentant seule la classe ouvrière.

(1) Voir brochure citée, p. 110.

Cette disposition de l'article 31 *j* forme donc un obstacle à la généralisation des ententes et à cette variété dans l'organisation qui, loin de lui nuire, la rend plus compréhensive.

Caractères de la loi.

Le caractère à la fois lâche et étroit de la loi de 1919 est voulu. Lâche dans les liens qu'elle noue, étroite dans son terrain d'application, la loi a été ainsi faite de propos délibéré.

Son principal auteur, M. Groussier, pensait de la sorte servir la cause de la convention collective. Il définit l'esprit de la loi en expliquant qu'elle a pour but d'*acclimater* la convention collective pour conduire à la réglementation professionnelle par la profession elle-même. Il y a quelque apparence de désaccord entre le but final et les moyens immédiats : on restreint pour arriver à élargir.

Il semble bien que la majorité parlementaire se soit formée à la faveur de cette équivoque, les partisans de la réglementation professionnelle adoptant la loi en raison de son but final, tandis que les adversaires ou les méfiants approuvaient les ménagements avec lesquels on traitait l'ordre établi. Les premiers, à la suite de M. Groussier, avaient le souci de faire une législation assez souple pour ne pas entraver l'évolution de la convention collective; les autres se satisfaisaient de cette souplesse à cause de la liberté qui en résultait.

« Nous pensons — écrivait M. Groussier (1) — qu'en l'état des choses, étant donné les préoccupations des parties, il faut éviter que le lien de la convention ne soit trop solide; on le supportera d'autant mieux et d'autant plus longtemps qu'on le pourra rompre plus aisément et plus rapidement. »

Cette manière de voir ne pouvait se traduire en application que sur l'étroit terrain contractuel. Pour que chacun reste maître de sa liberté, il ne faut pas qu'il soit représenté par un organe dans lequel sa personnalité s'absorbe. L'organisation professionnelle suppose une discipline par laquelle les intérêts particuliers sont soumis à l'intérêt commun. Dans la loi de 1919, le Syndicat ne représente plus l'intérêt collectif : si les membres sont parties à la convention collective, ce n'est point « parce qu'ils ont été engagés par le groupe, par le Syndicat, mais parce qu'ils se sont obligés eux-mêmes ou par mandataires (les mêmes que ceux du Syndicat), par un acte de

(1) *Rapport*, p. 487.

leur volonté exprès ou tacite » (1). Ainsi, l'acte collectif n'existe que par l'acte individuel. « Le contrat collectif, tout collectif qu'il soit, peut donc être ruiné par des retraits individuels en masse, en sorte que, loin d'y voir, comme certains, la diminution du rôle de la volonté, nous y constatons un retour offensif de l'autonomie individuelle. » (2)

Ainsi la législation de la convention collective, peut-être favorable pour acclimater la convention, met en échec la notion de collectivité.

Lâche comme lien collectif, étroite comme contrat, la convention selon la loi de 1919 se caractérise par son inconsistance d'une part, et, de l'autre, par son opposition à l'idée d'intérêt professionnel, d'organisme corporatif.

Critique générale.

Il est facile, dès lors, de voir en quoi la convention collective manque à son nom — ce qui constitue la critique la plus objective qui se puisse. « Contrat » « collectif » : les caractères de la loi répondent-ils à la définition qu'elle donne en ces deux mots?

En respectant l'un, la loi manque à l'autre. Lorsqu'elle veut assurer le caractère contractuel, elle s'oppose à la notion de collectivité; quand elle se préoccupe de la collectivité, elle s'écarte du principe contractuel.

Contrat, la convention est conclue par des Syndicats contractant pour eux-mêmes et pour ceux qu'ils représentent en vertu d'un mandat formel ou tacite ; le Syndicat n'agit plus comme personne morale représentant par là-même tous ses membres ; ces derniers, le Syndicat ne les représente que par le mandat qu'il en reçoit : ce sont les syndiqués eux-mêmes qui s'obligent directement par une manifestation individuelle de leur volonté.

La collectivité n'est plus ici qu'une addition d'individus, elle ne s'étend pas au delà du cercle des contractants. Dira-t-on que le Syndicat, personne morale n'existant qu'en raison du concours d'individus qui viennent former une association, représente mieux l'idée de collectivité contractante? Sans

(1) Jean Brèthe, *loc. cit.,* p. 122. L'auteur explique — pp. 121 comment la solution de la loi de 1919 est commandée par la conception libérale du régime des groupements professionnels.

(2) *Ibid.,* p. 121.

doute, ces deux notions de collectivité nous apportent bien des pluralités d'individus, et grammaticalement ces assemblages de personnes sont des collectivités. Mais, juridiquement et socialement, l'idée de collectivité est plus compréhensive ; elle réclame autre chose qu'une addition d'individus et autre chose qu'une personne morale distincte des individus.

Elle voudrait d'abord que ces deux notions fussent fondues l'une dans l'autre et que la personne morale fût qualifiée pour agir, en tant que telle, au nom de ses membres. Le Syndicat, hors de la sphère de la convention collective et considéré comme une association, est cela, le pacte d'association crée une collectivité véritable ; le Syndicat vient-il à passer une convention collective, il perd la qualité qu'il tenait de sa nature associationnelle : il ne représente plus ses membres. Ainsi, le caractère contractuel vient-il détruire le caractère collectif, et cela se conçoit : le pacte d'association n'est pas un contrat ; si la convention collective en est un, deux natures se heurtent, tant du moins que la convention reste un contrat de droit privé.

Socialement, l'idée de collectivité réclame plus encore. Elle s'appuie sur un état de fait : une collectivité sociale ne résulte pas d'un pacte d'association, mais d'un état de solidarité. L'autorité capable de représenter une collectivité sociale ne peut tenir ses pouvoirs de quelques individus liés par un pacte d'association et qui s'arrogent cette puissance ; leur droit ne dépasse pas les limites de leur Association. Que celle-ci s'étende à toute la collectivité, et, de fait, l'Association représentera légitimement la collectivité sociale ; sinon, il faut une organisation légale, qui détermine les modalités de la représentation collective.

On voit par où les deux notions de collectivité et de contrat peuvent se rejoindre. Pour engager toute la profession sur le terrain contractuel, il faut que Syndicat égale profession. C'est le Syndicat obligatoire. Evidemment, si tous les professionnels font obligatoirement partie du Syndicat, la convention collective liera l'ensemble de la profession par le seul fait que tous les membres se trouveront liés individuellement.

Ainsi, veut-on que la convention mérite son nom de collective et remplisse son rôle, qui est de former la loi de la *collectivité*, et, veut-on y arriver dans le cadre du *contrat*, on est amené à employer ce moyen du Syndicat obligatoire. Il répugne à nos mœurs ? C'est cependant là que conduit le Code civil.

Combien plus de liberté et de souplesse procure l'extension du droit public ! Ceux qu'elle effraye ne songent pas assez que, les conditions sociales réclamant que l'on sorte de l'anarchie individualiste pour arriver à des règles professionnelles, les garanties du Code civil deviennent des entraves singulièrement dangereuses pour la liberté individuelle, dont ils ont un juste souci (1).

Si l'on n'accepte pas le Syndicat obligatoire — à chacun d'en décider — ou bien la convention ne sera pas collective ou bien elle cessera d'être un contrat de droit privé (2). Et si l'on veut sacrifier la notion de contrat à celle de collectivité, le moyen consistera dans l'organisation légale d'une représentation directe de la profession.

M. Crétinon conclut ainsi l'article que nous avons déjà cité :

À l'heure où j'écris [l'article a paru en juin 1919], la loi de huit heures suscite dans tout le monde du travail des négociations entre employeurs et employés qui tendent à la conclusion de conventions collectives. Or, ce qui me frappe, c'est la façon irrégulière et imparfaite dont la profession est représentée du côté ouvrier. L'initiative de la conversation est prise par quelques hommes dont la qualification est à peine établie, dont le mandat est inexistant, et qui, cependant, déclarent parler au nom de tous. Si d'autres se présentent, se disant syndiqués aussi quoique d'une autre obédience, il y a une lutte qui va des paroles aux coups et qui n'engendre que le désordre. Au petit bonheur, ou plutôt sous la pression de la peur, les patrons s'abouchent avec les groupes qui crient le plus fort : de là sort l'accueil publié ensuite dans les journaux comme étant la charte contractuelle de la corporation.

C'est à peu près comme si les élections politiques se faisaient sans listes électorales, sans bureau et sans urnes, à mains ou plutôt à poings levés.

Il faudrait donc dresser d'abord une liste des professionnels ; elle

(1) Sur un point de détail, on en trouve un exemple remarquable : nous avons vu, en étudiant la jurisprudence, que le Syndicat ouvrier ne commet aucune faute lorsque, en vertu d'une convention collective, il fait renvoyer des ouvriers qui ne sont pas ses adhérents. C'est un effet dur d'une législation individualiste ; il découle logiquement de la conception contractuelle, et l'on ne peut y échapper que par une organisation générale de la profession, que les individualistes estiment antilibérale. Cet effet ne pouvait être modifié par la loi de 1919, étant donné les bases sur lesquelles elle se fonde.

(2) Nous prions de prendre garde à ceci : nous ne soutenons pas que le Syndicat obligatoire appelle comme conséquence nécessaire que les conventions collectives représentent une somme de contrats privés ; au contraire, le Syndicat obligatoire s'allie plus naturellement à la conception de la convention-règlement ; nous soutenons, partant du point de vue inverse, qu'une somme de contrats privés ne peut procurer une convention vraiment collective que dans le système du Syndicat obligatoire. Le contrat appelle le Syndicat obligatoire, mais le Syndicat obligatoire n'appelle pas le contrat.

existe déjà souvent pour l'élection au Conseil des prud'hommes. Puis les membres de la profession pourraient se grouper en Syndicats ou rester *sauvages*. Quand il s'agirait d'établir un règlement professionnel — tel celui relatif à la journée de huit heures, — il faudrait donner à chaque Syndicat régulier une valeur proportionnelle au nombre vérifié de ses membres et fournir même aux *sauvages* le moyen d'intervenir aussi par un vote individuel.

Ce serait alors la profession organisée.

N'avoir pas tenté cette organisation, c'est le principal reproche que je fais à la loi du 25 mars.

On peut concevoir d'autres modes d'organisation, et ce n'est pas le lieu d'en discuter. D'autre part, la détermination de ces modes appartiendrait plutôt à une loi organique professionnelle qu'à une loi traitant d'une question particulière. Sous une forme ou sous une autre, l'*organisation professionnelle* apparaît comme la seule alternative à opposer au *Syndicat obligatoire* pour obtenir des conventions *réellement collectives;* elle nous transporte du terrain contractuel sur le terrain du droit public.

Observons qu'ainsi développée en réglementation professionnelle, la convention collective ferait reculer la réglementation légale, — ainsi que la loi de huit heures en donne l'exemple : la loi n'a plus qu'à poser des principes, laissant l'application aux accords professionnels.

Quand la loi veut prévoir elle-même les modalités d'application, elle produit l'effet que l'on observe dans la loi du 25 mars elle-même : l'extrême complication à laquelle il faut s'astreindre pour déterminer les obligations personnelles de chacun rend la loi minutieuse, donc d'application difficile. Par exemple : quel ouvrier songera à notifier au greffe sa démission du Syndicat pour se soustraire à une convention collective? Des règles générales sont nécessaires, sans qu'il soit besoin de rechercher la situation particulière de chaque personne.

Les conventions collectives devraient exprimer les « usages de la profession ». Le tout est de ne donner le pouvoir de formuler ces usages qu'à une *représentation autorisée* de la profession. Placée sur le terrain contractuel, la loi de 1919 ne pouvait s'élever à ces vues générales.

Collectif, le contrat de la loi de 1919 déroge à plusieurs principes du droit contractuel.

La convention collective, parce qu'elle veut respecter la notion de contrat en droit privé, n'est qu'une multiplicité de contrats particuliers, résultant d'engagements individuels.

Cependant, il est inévitable que ces contrats particuliers respectent certaines règles collectives, sans quoi il n'existe plus de convention. Chaque fois que la loi se trouve obligée de superposer ainsi aux contrats particuliers des règles générales, elle s'écarte des principes contractuels.

L'analyse à laquelle nous nous sommes livré nous permettra d'être bref. Il nous suffira de rappeler une double situation, sur laquelle s'appuiera la conclusion qu'il nous faut apporter à notre étude de la loi de 1919.

D'une part, les individus engagés dans une convention collective ne peuvent en modifier les clauses par un accord particulier; bien que la convention soit un libre contrat, les contractants perdent l'usage du principe de la liberté des conventions.

D'autre part, la loi crée et sanctionne des obligations entre membres d'un même groupe. C'est là encore un effet de droit collectif qui sépare nettement la convention collective du contrat.

Ainsi, la loi de 1919 s'est donné pour tâche de concilier, en vue de suivre l'évolution sociale, deux notions à peu près inconciliables. Mais l'effet auquel s'est appliqué le législateur pour avancer, sans sortir de certaines limites, montre du moins le sens de sa marche. Recueillir ces indices d'orientation nous semble la plus utile conclusion que nous puissions donner sur la loi de 1919, avant de passer à la troisième et dernière partie de cette étude.

C) DANS QUELLE MESURE
LA LOI EST-ELLE
DANS LE SENS DE L'ÉVOLUTION SOCIALE ?

Cette conclusion, nous l'emprunterons tout entière au remarquable ouvrage de M. Jean Brèthe. Le vigoureux tableau qu'il présente de « la conception légale » établit parfaitement dans quelle mesure la loi de 1919 s'écarte de la notion du contrat pour donner satisfaction à l'évolution sociale (1).

« Nous parvenons aux conclusions suivantes. La conception

(1) *Op. cit.*, chapitre « Conclusion sur la loi du 25 mars 1919 », paragraphe final « La conception légale »; pp. 165-170.

du législateur est mixte. Elle a conservé le contrat, mais en y introduisant le virus collectif qui doit l'anéantir.

» Une conception purement contractuelle aurait abouti à une réglementation autre que celle de la loi de 1919. On aurait exigé que les groupes concluant le contrat collectif de travail eussent la personnalité morale, afin d'être sujets de droit capables d'acquérir des droits et de contracter des obligations, capables d'ester en justice. On aurait ainsi décidé que les membres de ces groupes ne deviendraient parties au contrat que s'ils y consentaient d'une manière nette et sans possibilité de se rétracter. On aurait sauvegardé le principe de la liberté des conventions, ce qui eût été logique, mais ruinait le système, tant il est vrai que le contrat est impropre à assurer le respect d'une règle, même lorsque les intéressés se la sont volontairement donnée.

» Le législateur l'a bien compris et il a tenté de corriger ce que le système strictement contractuel avait de défectueux : il a déclaré nuls les contrats individuels dérogeant à la convention collective, et il a reconnu et sanctionné l'obligation mutuelle entre membres d'un même groupe de respecter la règle établie par eux. Mais nous avons vu qu'il était impossible de justifier ces deux dispositions légales par les règles du contrat. La notion de contrat collectif n'est donc pas en harmonie avec les principes fondamentaux du droit français.

» Au point de vue pratique, la solution législative n'est pas davantage satisfaisante, car la loi a affaibli le caractère collectif du contrat en n'exigeant pas des groupements la personnalité morale, sans laquelle l'unité du contrat collectif, et, par suite, sa force réglementaire, n'est qu'une vaine apparence ; en autorisant trop largement les individus à se dégager de leur seul gré, abusant de la liberté syndicale toujours consacrée par la loi de 1884.

» Le lien collectif, sous le régime du Syndicat libre ou des groupements professionnels inorganisés, ne sera jamais assez fort pour que les conventions collectives de travail soient réellement observées et acquièrent une influence régulatrice sur les relations d'employeurs à employés.

» La construction législative, malgré de très longs travaux préparatoires, ne nous paraît pas susceptible de donner satisfaction à la *pratique*.

» Et, d'autre part, au point de vue *juridique*, nous avons montré qu'elle ne cadrait pas avec les principes du droit français des contrats. Mais, fort heureusement, nous croyons y découvrir les germes d'une conception réglementaire de la convention collective de travail, qui, à notre avis, est la seule vraie.

» D'après la loi elle-même, la convention collective a un caractère de *généralité*, qui est l'antithèse du contrat. En effet, d'abord elle a pour but de déterminer les conditions, auxquelles devront satisfaire les contrats de travail que passeront ultérieurement les parties. En réalité, elle formule ainsi des règles professionnelles, dont l'application est illimitée, puisque le nombre des parties est lui-même illimité, la convention collective étant ouverte aux adhésions de tous.

» D'autre part, pour restreindre efficacement la concurrence, la convention collective doit englober le plus possible d'individus de la profession (1). Elle tend, de sa nature, à la généralité, tout comme une loi ou un règlement qui est fait à l'avance pour toutes les personnes qui se trouveront dans la situation visée par cette disposition légale. La convention collective de travail se rapproche du règlement professionnel, c'est un fait, et qui a été reconnu par la loi de 1919, permettant à de nouveaux groupements et à de nouveaux individus de se placer sous l'application d'une convention collective déjà en vigueur.

» Cette convention a une *force obligatoire remarquable*. Elle s'impose aux volontés individuelles qui ne peuvent pas s'entendre pour l'écarter. Les contrats de travail qui dérogeraient aux règles collectives sont tenus pour nuls, et, à leur place, ce sont les clauses de la convention collective qui entrent en jeu, automatiquement. Cela ne nous rappelle-t-il pas les lois impératives ou d'ordre public, contre lesquelles les conventions entre particuliers sont sans valeur?

» Enfin, si la convention collective contient une réglementation de travail, qui s'impose rigoureusement, avec la généralité et la force d'une loi, n'est-il pas plus aisé d'expliquer ses effets par le *caractère absolu de la règle de droit* qui saisit entièrement tout individu tombant sous son application et l'oblige *erga omnes*, que par un inextricable réseau d'obligations particulières, entre groupements, entre groupements et individus, et d'individus à individus?

» En réalité, pour que l'unification du droit soit atteinte

____

(1) Cf. Morin, *la Révolte des faits contre le Code*, p. 43 : « Il est dans la logique du contrat collectif de tendre à devenir la loi de la profession. Et cette tendance est conforme à la justice. »

dans une collectivité — et c'est bien le but de la convention collective du travail, traiter sur le même pied tous les patrons, tous les ouvriers — il n'y a qu'un moyen, recourir à une source générale, permanente, obligatoire pour tous : *la loi*.

» Le contrat permet la diversité des situations particulières, au gré des volontés en présence. La loi ramène à l'unité. La convention collective, ayant le même but, prendra la même forme, réglementaire.

» Ainsi, dans le système, malgré tout contractuel, du législateur, nous avons pu relever les traces d'une évolution des idées qui le conduira quelque jour à abandonner le contrat et la conception individualiste du Syndicat, pour reconnaître enfin la réalité juridique d'une organisation professionnelle succédant au régime du Syndicat facultatif, et de la loi professionnelle remplaçant la forme caduque et trop étroite du contrat collectif de travail.

» Il est vrai que rien, dans la législation actuelle, n'annonce un prochain changement dans l'organisation de la profession (1). Mais nous sommes persuadé que la tendance invincible de la convention collective à gouverner toute la profession entraînera l'obligation de placer celle-ci sous une autorité régulière qui lui manque aujourd'hui, car les prétentions à la souveraineté de certains Syndicats sont de pur fait dans l'état actuel de notre droit.

» Jusqu'ici, le Syndicat était, au point de vue juridique, considéré simplement comme une personne morale, et, en cette qualité, concluait des contrats, s'engageant lui-même et engageant ses membres, et estait en justice pour réclamer des dommages-intérêts si le contrat collectif n'était pas exécuté. Il se comportait, en somme, comme un particulier qui se prévaut du contrat qu'il a signé. D'autre part, le Syndicat étant facultatif, il ne représentait jamais les intérêts généraux de la profession, mais seulement les intérêts professionnels de ses membres.

» Or, sous la pression des faits, la jurisprudence a de plus en plus tendance à regarder le Syndicat comme le défenseur des intérêts généraux de la profession. Mais il y a un obstacle : c'est la composition du Syndicat, qui ne renferme jamais qu'un petit nombre d'individus, lesquels sont d'ailleurs absolument

---

(1) Exception faite de la loi du 25 oct. 1919 (*Journal Officiel* du 29 oct. 1919) relative aux Chambres d'agriculture, qui n'a d'ailleurs pas été encore appliquée.

libres de sortir du Syndicat. De toute évidence, il faudra réformer le régime syndical et organiser la représentation de la
profession, afin que ses intérêts généraux soient défendus par
un organe qualifié, et que les règlements du métier, élaborés
par les intéressés eux-mêmes, soient appliqués partout.

» De plus, le Syndicat est, dans notre législation, fondé sur
l'idée fausse de contrat, d'où la nécessité d'obtenir le consentement individuel de chaque membre pour toute décision d'intérêt collectif, comme la réglementation du travail. Toutefois,
cette idée est en recul et paraît devoir faire place à celle de
suprématie du Syndicat sur ses membres et même sur les
non-syndiqués.

» On peut dire, écrit M. Pierre Louis-Lucas (1), à propos
de la convention collective de travail, que « dans une large
» mesure, ce qu'a voulu le Syndicat, il ne l'a pas voulu sim-
» plement comme un contractant qui ne peut que s'obliger
» soi-même et ceux qu'il représente expressément, mais bien
» comme une *autorité qui fait peser sa loi sur tous ceux qui,*
» *volontairement ou involontairement, se trouvent soumis à*
» *elle...* Il n'y a qu'une explication plausible : le Syndicat,
» parce qu'il est *une puissance professionnelle,* détient, *ipso*
» *facto, une autorité professionnelle.* C'est là une situation
» qui tend à se généraliser. Lorsqu'il agit, lorsqu'il contracte,
» ce doit être, et c'est, en effet, dans l'intérêt professionnel,
» dont il est le représentant et le gardien. Représentant de
» l'intérêt professionnel, il s'oblige lui-même contractuelle-
» ment. Gardien de cet intérêt professionnel, il oblige ses
» membres *réglementairement* ».

» Sans doute, la loi de 1919 exige que chaque syndiqué s'engage personnellement dans la convention collective, mais elle
se contente d'une adhésion tacite de la part des membres du
groupe qui ne démissionnent pas après que la convention a été
rendue publique. Et il faut remarquer que la présomption
légale est moins une présomption de la volonté d'accepter la
convention, qui se concilie mal avec l'opinion contraire affir-
mée par la minorité s'il y a eu délibération et vote, qu'une
présomption de la volonté de continuer à faire partie du
groupe, ce qui implique la soumission à sa loi. « De conven-
» tion librement passée entre deux parties, nous voyons ainsi
» progressivement le contrat (collectif) du travail devenir *une*

(1) Cf. son article dans la *Rev. trim. de Droit civil,* janv.-juin 1919,
pp. 77-78.

» *loi* votée par une majorité, sinon imposée par une minorité
» agissante à une majorité passive. » (1)

» Et même, grâce à la légitimité des interdictions de travail
dont use un Syndicat pour faire respecter par les non-syndiqués la convention collective qu'il a obtenue, celle-ci devient,
en fait, « une loi imposée de façon unilatérale par le Syndicat
à la profession » (2).

» Le législateur aurait pu développer et sanctionner cette
tendance corporative. Il l'a négligée et il a préféré s'en tenir
à la tendance individualiste, retardant ainsi l'accord du droit
et de la vie. »

Dans un vieux cadre juridique, la loi de 1919 a pratiqué des
passages par où elle tend à rejoindre la vie. Les atteintes
qu'elle a dû, par une force logique impérieuse, porter au
système contractuel ouvrent la porte à des modifications dans
le sens réglementaire.

(1) J. CRUET, *La vie du Droit et l'impuissance des Lois*, p. 156.

(2) *Ibid*, p. 154. Sur la souveraineté de fait des Syndicats manifestée
par les interdictions de travail, cf. PAUL-BONCOUR, thèse précitée [*Les
rapports de l'individu et des groupements professionnels*] ; VOLF, *Les tendances à la souveraineté des Syndicats professionnels*, thèse Poitiers, 1911 ;
et E. DUTHOIT, *Vers l'organisation professionnelle*, pp. 218 et suiv.

TROISIÈME PARTIE

Application de la loi de 1919
Vers la réglementation professionnelle

Après avoir observé dans les faits et dans la doctrine le mouvement d'où est née la loi du 25 mars 1919, après avoir analysé cette loi et recherché en quoi elle correspond aux nécessités du droit et de la pratique ou s'en écarte, il nous faut examiner le sort de la loi et reprendre l'examen du mouvement qui l'emporte vers de nouvelles destinées.

Cette étude comporte trois brefs chapitres d'ordre positif — modifications législatives, application pratique de la loi, jurisprudence — et un chapitre plus long sur l'évolution du mouvement dont la loi de 1919 ne constitue qu'un épisode.

A) MODIFICATIONS LÉGISLATIVES

La loi du 25 mars 1919 n'a subi aucune retouche directe : on n'a plus légiféré sur la convention collective. Mais ses dispositions se trouvent modifiées, par incidence, sur quelques points : d'autres lois réagissent sur elles.

Ce sont la loi syndicale du 12 mars 1920 et les deux lois du 11 juin 1917 sur les conditions du travail dans les industries du vêtement, et du 23 avril 1919 sur la durée du travail, communément appelée loi de huit heures. Ces lois ont nettement agi dans le sens de l'évolution logique de la convention collective.

Loi du 12 mars 1920.

Nous nous arrêtons d'abord à la loi syndicale de 1920, parce qu'elle touche directement les dispositions de la loi du 25 mars 1919, tandis que les deux autres lois exercent plutôt une influence sur la pratique de la convention collective.

a) Une première modification provenant de la loi syndicale comble une lacune bien définie :

Le droit de conclure des conventions collectives a été attribué par la loi de 1919 à une série de groupements ; le droit d'ester en justice était réglé par les lois constitutives de ces groupements ; or, les deux législations ne coïncidaient pas sur un point important.

Les plus sérieuses des conventions collectives sont celles que passent des groupes syndicaux : tandis que la loi de 1919 reconnaît aux Unions et Fédérations syndicales le droit de signer des conventions collectives, la loi syndicale organique du 21 mars 1884 n'accorde le droit d'ester en justice qu'aux seuls Syndicats ; les Unions et Fédérations ne pouvaient donc poursuivre en justice l'application des conventions qu'elles pouvaient signer.

Désormais, en vertu de l'article 6 de la loi du 12 mars 1920, « les Unions jouissent... de tous les droits conférér par l'article 5 aux Syndicats professionnels » ; elles peuvent donc agir judiciairement contre la violation des conventions collectives.

On ne manquera pas de remarquer combien cette modification favorise le développement du droit dans le sens collectif : une Fédération syndicale représente mieux qu'un Syndicat l'intérêt professionnel, et la convention qu'elle signe se rapproche, en fait, d'une réglementation professionnelle.

b) Il n'y a là, toutefois, qu'un rapprochement de *fait*. La loi pénètre davantage l'évolution sociale en conférant au groupement professionnel le *droit* de représenter l'intérêt collectif.

L'article 5, 2e alinéa, dit :

Ils [les Syndicats professionnels] peuvent, devant toutes les juridictions, exercer tous les droits réservés à la partie civile relativement aux faits portant un préjudice direct ou indirect à l'intérêt collectif de la profession qu'ils représentent.

Cet article, est-il besoin de le souligner, dépasse la matière de la convention collective. De celle-ci la loi ne parle, même article, 11e alinéa, que pour rappeler les dispositions antérieures :

Ils peuvent passer des contrats ou conventions avec tous les autres Syndicats, Sociétés ou entreprises. Tout contrat ou convention visant les conditions collectives du travail est passé dans les conditions déterminées par la loi du 25 mars 1919.

Rappelons-nous que la loi du 25 mars 1919 est venue contrarier la jurisprudence qui tendait à reconnaître au Syndicat le rôle de défenseur de l'intérêt collectif; notons ensuite que l'alinéa 11 ne saurait annuler, par sa simple prescription matérielle, les droits généraux reconnus par l'alinéa 2 du même article de loi; et, ces deux pensées en tête, lisons le commentaire que donne M. Georges Piot de ces dispositions (1) :

Que le Syndicat puisse ester en justice, chaque fois qu'il s'agit de ses intérêts personnels et patrimoniaux, ce n'est que la conséquence immédiate de sa personnalité. La loi de 1884 (ancien art. 6) lui reconnaissait déjà ce droit. Mais la jurisprudence l'avait progressivement, et non sans résistance, étendu au cas où l'intérêt en jeu était « l'intérêt collectif de la profession, envisagée dans son ensemble, et représentée par le Syndicat professionnel » (2).

La nouvelle loi a sanctionné cette jurisprudence et affirmé cette fonction représentative du Syndicat, en précisant, dans l'article 5 § 2, qu'il peut, « devant toutes les juridictions, exercer tous les droits réservés à la partie civile » (c'est-à-dire réclamer des dommages-intérêts, des insertions, et, généralement, toutes mesures propres à réparer un préjudice), « relativement aux faits portant un préjudice direct ou indirect à l'intérêt collectif de la profession qu'il représente ». Un préjudice *indirect*, résultant, par voie de répercussion, soit d'une faute commise soit d'un préjudice individuel subi par une personne exerçant la profession, suffira donc pour que l'action du syndicat soit recevable. Il semble bien qu'ici, quoi qu'en ait dit le rapporteur au Sénat (3), la loi a dépassé la jurisprudence que nous venons de rappeler (4). Quoi qu'il en soit, le texte est formel.

D'autre part, au sujet des conventions collectives évoquées par l'alinéa 11 de l'article 5, M. Piot rappelle comment le syndicat intervient en justice et ajoute :

Ce sont encore, on le voit, des fonctions représentatives qui sont ainsi confiées au Syndicat, bien qu'ici son droit de représentation paraisse restreint à ses seuls membres et non pas à la profession tout entière. Et cependant, si l'on y regarde de près, lorsque le syndicat agit en réparation du préjudice *collectif* résultant de la violation commise, n'est-ce pas, à proprement parler, l'intérêt professionnel général dont il se constitue le défenseur ?

(1) *Les Syndicats professionnels* : commentaire des lois du 21 mars 1884 et 12 mars 1920 (Paris, administration du *Recueil général des Lois*) pp. 9 et 10.

(2) Cass., Ch. réunies, 5 avr. 1913 : D. P., 1914. 1. 65.

(3) Sénat, séance du 21 juin 1917 : *J. O.*, 22 juin, p. 617.

(4) V. conclusions P. G. Sarrut : D P., 1914. 1. 72.

Nous avons, on s'en souvient, longuement étudié cette question (1). Nous croyons, quant à nous, que la loi de 1920 étend la qualité représentative du syndicat telle que la pose la loi de 1919 et que — la loi de 1920 venant consacrer et même dépasser une jurisprudence contestée, dont bénéficiait la convention collective — il n'y a pas de raison d'interpréter l'alinéa 2 en un sens restrictif lorsqu'il s'agit de conventions collectives.

Un Syndicat passe une convention; il le fait, c'est entendu, « dans les conditions déterminées par la loi du 25 mars 1919 »; cette convention vient-elle à être violée, le syndicat ne pourra intervenir en justice que « dans les conditions de la loi de 1919 » s'il invoque des préjudices personnels à lui ou à ses membres, mais il n'aura pas besoin, nous semble-t-il, de rechercher dans la loi de 1919 un fondement à son intervention, s'il peut invoquer « un préjudice, direct ou indirect, [porté] à l'intérêt collectif de la profession ».

Il faudrait voir se produire un cas d'espèce et recueillir une jurisprudence. Si cette jurisprudence se déclarait en sens opposé à la solution que nous défendons, il y aurait lieu de réclamer une modification législative qui fasse disparaître une anomalie de même espèce que celle qu'a corrigée l'article 6 de la loi de 1920. On ne voit pas pourquoi, en simple logique, un droit général comme celui de défendre contre tout préjudice, même indirect, l'intérêt collectif, deviendrait caduc alors qu'il s'agit de faire respecter quelque chose de plus précis que des intérêts indéterminés : un *traité* collectif.

c) Nous avons dit quelques mots des « usages de la profession ». La loi de 1920 leur accorde une valeur évidente, dont vraisemblablement la jurisprudence tiendra compte.

La loi dit dans un alinéa 15 de l'article 5, dont le sens reçoit de l'alinéa 16 une précision immédiate :

> Les Syndicats peuvent être consultés sur tous les différends et toutes les questions se rattachant à leur spécialité.
> Dans les affaires contentieuses, les avis du Syndicat seront tenus à la disposition des parties, qui pourront en prendre communication et copie.

M. Piot commente ainsi (p. 15) ces alinéas :

> Dans la pratique, le tribunal de commerce use fréquemment de cette attribution en renvoyant les parties devant la Chambre syndicale

(1) Cf. pp. 16-27.

de leur profession, qui joue alors le rôle d'expert ou d'arbitre rapporteur (1).

En outre, la législation récente sur l'organisation du travail a très opportunément fait appel à ce pouvoir consultatif des syndicats.

Le premier cas n'intéresse évidemment point la convention collective. Mais on conçoit qu'à côté des différends individuels un tribunal ou un Comité d'arbitrage se réfère à l'avis d'organisations professionnelles pour connaître les « usages ».

Pour la conclusion même des conventions collectives, l'examen de la loi de huit heures nous édifiera sur le rôle que peuvent jouer les Syndicats.

Voilà donc trois dispositions législatives qui marquent le sens du mouvement d'évolution qui nous intéresse. Elles ne transforment pas foncièrement la situation légale de la convention collective et ne la font point passer du terrain du droit privé sur celui de la réglementation professionnelle. Cependant, objectivement relevées pour les modifications qu'elles apportent à la loi de 1919, elles méritent d'être retenues aussi comme des indices sociaux : l'orientation du mouvement est dirigée vers un élargissement du rôle de la profession.

Nous devons, en outre, noter, sans cette fois y prendre d'indications sociales :

d) Le changement que la loi de 1920 apporte dans l'efficacité des sanctions prévues par la loi de 1919. Maintenant, le Syndicat, muni de la personnalité civile, *peut* offrir des ressources pour répondre de ses responsabilités ; nous avons souligné le caractère tout éventuel de cette faculté ; nous avons dit aussi que ces conditions de droit et de fait ne doivent pas changer les limites de la responsabilité syndicale.

Lois du 11 juin 1917 et du 23 avril 1919.

Ces deux lois n'ont pas *modifié* la loi du 25 mars 1919 — l'une d'ailleurs lui est antérieure, — mais elles l'ont complétée en ce sens qu'elles la font jouer dans des conditions particulières. Elles s'y rattachent en quelque sorte comme des corollaires, l'un anticipé.

Elles font état, en effet, des conventions collectives existantes pour leur donner, dans des domaines *spéciaux*, une force que la loi du 25 mars s'est refusée à conférer à la con-

______

(1) Art. 429 C. proc. civ.

vention collective *en général*. Et il ne faut pas s'étonner que la loi de 1917, malgré sa date, puisse avoir cet effet : on n'oublie pas que la loi de 1919 sur les conventions collectives venait consacrer un état de choses ; la loi de 1917 pouvait parfaitement conférer à certaines conventions collectives une force particulière avant qu'une loi vînt réglementer les conventions en général ; celles que visait la loi de 1917 se soumettront désormais aux formes précises imposées d'une façon générale, mais leur existence antérieure n'en recevra qu'une modalité qui n'affecte pas leur essence.

En quoi les deux lois mentionnées ajoutent-elles à la loi sur les conventions collectives ? Nous avons eu occasion d'évoquer un certain article 18 d'un projet de 1906, abandonné depuis, d'après lequel les clauses d'une convention collective pouvaient, par un acte de l'autorité publique, être étendues à l'ensemble des industries de même catégorie dans une même région. Cet article transportait nettement la convention du terrain contractuel sur le terrain réglementaire. La loi de mars 1919 n'a pas voulu faire produire à la convention collective d'effet réglementaire. Toute loi qui vient ajouter cet effet à ceux que détermine la loi du 25 mars 1919, donne donc à celle-ci une extension caractéristique.

On conviendra que, si ce n'est pas là *modifier* la loi du 25 mars, parce qu'il faut réserver le titre de modifications aux changements d'une valeur générale, c'est du moins *ajouter* des prescriptions, directement greffées sur la loi de mars, et lui donnant un développement tel que l'esprit de la loi va se trouver complètement réformé.

La loi du 11 juin 1917 tend à assurer le repos du samedi après-midi aux ouvrières du vêtement. Or, les conditions d'application sont déterminées, pour chaque profession et pour chaque région, par des règlements d'administration publique qui doivent se référer, dans les cas où il en existe, aux accords intervenus entre les Syndicats, patronaux et ouvriers, de la profession et de la région. Ces accords, au surplus, traitent aussi du salaire, de Commissions mixtes, etc.

La loi du 23 avril 1919 établit un système analogue. Après avoir prescrit, par l'article 6, que « la durée du travail effectif... ne peut excéder soit huit heures par jour, soit quarante-huit heures par semaine, soit une limitation équivalente établie sur une période de temps autre que la semaine », la loi dit :

Art. 7. — Des règlements d'administration publique déterminent par profession, par industrie, par commerce ou par catégorie professionnelle, pour l'ensemble du territoire ou pour une région, les délais et conditions d'application de l'article précédent.

Ces règlements sont pris soit d'office, soit à la demande d'une ou plusieurs organisations patronales ou ouvrières, nationales ou régionales, intéressées. Dans l'un et l'autre cas, les organisations patronales et ouvrières intéressées devront être consultées : elles devront donner leur avis dans le délai d'un mois. Ils sont révisés dans les mêmes formes.

Ces règlements devront se référer, dans le cas où il en existera, aux accords intervenus entre les organisations patronales et ouvrières, nationales ou régionales, intéressées...

Ainsi, ces deux lois spéciales, poussant plus avant les effets attribués par leur loi organique aux conventions collectives, confèrent à certaines conventions une valeur nouvelle, une valeur réglementaire.

Ces lois agissent donc, à l'encontre du système contractuel de droit privé, dans le sens de l'évolution sociale dont nous avons saisi maintes manifestations.

Nous aurons à les prendre en considération particulière lorsque nous examinerons l'évolution du *mouvement*, dont elles sont des marques significatives. Dès maintenant, il fallait les mentionner en tant que textes législatifs qui régissent dans le *concret* la convention collective.

B) APPLICATION DE LA LOI

Par « application de la loi » nous entendons ici son utilisation pratique, réservant au chapitre suivant l'examen de son application juridique.

La loi de 1919 a-t-elle été utilisée? dans quelle mesure? par quels procédés? Quel est le contenu des conventions signées? Enfin quels effets ont obtenus ces conventions? Ont-elles contribué à établir ces relations régulières et pacifiques rêvées par le législateur, à régulariser la concurrence économique?

A quelques-unes de ces questions, la dernière notamment, il est difficile de répondre en raison de la date récente de la loi et de la période troublée que traverse la production. On recueillera plutôt des indications que des conclusions.

Nombre et modalités des conventions.

En 1919, la pratique des conventions collectives se développe considérablement, puisqu'on en relève 557, dont 80 environ conclues après grève et 224 sans intervention de tiers (1). L'élévation de ce nombre doit être en grande partie attribuée à la nécessité de reviser les salaires.

Depuis la promulgation de la loi, deux années entières se sont écoulées dont on puisse dresser une statistique à peu près exacte.

Le *Bulletin du Ministère du Travail* (juillet-août-septembre 1921) nous apporte un tableau qui se recommande par sa brièveté et sa clarté.

STATISTIQUE DES CONVENTIONS COLLECTIVES DE TRAVAIL CONCLUES EN 1920

345 conventions collectives de travail, signées en 1920, ont été signalées à la Direction du Travail.

RÉPARTITION PAR CATÉGORIES PROFESSIONNELLES :

Vêtement, travail des étoffes, toilette	53
Alimentation	33
Bois	31
Mines	39
Métaux	30
Transports et manutention	29
Bâtiment	24
Papier, carton, industries polygraphiques	22
Textiles	18
Cuirs et peaux	17
Produits chimiques	16
Agriculture	16
Pierres et terres	14
Commerce	3
Total	345

MODALITÉS DE LEUR CONCLUSION

CIRCONSTANCES. — Les renseignements fournis à la Direction du Travail sur les circonstances dans lesquelles ces conventions ont été signées sont en général très vagues et ne permettent pas de donner sur ce point particulier des indications bien précises.

72 conventions paraissent avoir été conclues *après* grève, mais c'est un chiffre minimum que la publication de la statistique des grèves survenues au cours de l'année 1920 permettra de rectifier.

De même, en ce qui concerne les conventions intervenues par application de la loi du 27 décembre 1892, il faut attendre la statistique précitée pour pouvoir fournir un chiffre définitif. D'après leur

(1) *Bull. du Min. du Trav.*, nov.-déc. 1920, p. 506.

teneur, 47 conventions constituent des applications de la loi de 1892. De plus, on a considéré comme conventions collectives 26 sentences arbitrales, un arbitrage ayant nécessairement pour base un accord préalable entre les parties. On compte 9 de ces sentences dans les industries minières, dont 6 intervenues à la demande d'organisations ouvrières et patronales, et 3 rendues à la suite d'accords conclus entre les parties dans les Commissions mixtes régionales ou locales.

Parties signataires. — En ce qui concerne les parties signataires, 124 conventions sont intervenues entre syndicats patronaux et syndicats ouvriers, 64 entre patrons ou collectivités de patrons non syndiqués et Syndicats ouvriers, 3 entre patrons syndiqués et collectivités d'ouvriers non syndiqués, 50 à la suite de réunions de Commissions mixtes permanentes ou simplement instituées à cet effet. Parmi ces derniers accords, on en compte dans les mines 31 conclus au sein de Commissions mixtes régionales ou locales.

Durée. — Les conventions sont le plus souvent muettes sur leur durée. Cependant, 32 d'entre elles sont signées pour une durée limitée et se répartissant ainsi :

1 à 6 mois, 22 ; — 6 mois à 1 an, 6 ; — 1 an à 2 ans, 2 ; — une convention est conclue pour 5 ans, une autre pour 12 ans.

Procédure d'arbitrage. — 45 conventions organisent une procédure d'arbitrage pour trancher les contestations qui pourraient résulter de l'application du contrat. Dans 4 conventions, la procédure d'arbitrage organisée est permanente.

Coût de la vie. — 20 conventions organisent des Commissions mixtes chargées de reviser le taux des salaires et indemnités d'après le coût de la vie.

Allocations familiales. — 39 conventions prévoient des allocations pour charges de famille.

Interventions. — Sur ces 345 conventions, 191 paraissent avoir été conclues sans intervention de tiers, 154 ont été conclues à la suite des interventions suivantes :

Intervention des juges de paix (loi de 1892) [chiffres provisoires]	47
— des préfets, sous-préfets ou leurs délégués	25
— des inspecteurs du travail	53
— des maires	7
— du ministère du Travail	14
— du ministère des Travaux publics	7
— du ministère de l'Agriculture	1
Total	154

CLAUSES RELATIVES AUX CONDITIONS DU TRAVAIL

Voici dans quel ordre se répartissent les contrats en ce qui concerne ces clauses :

Salaire minimum	275
Journée de 8 heures	113
Organisation de l'apprentissage	25
Réglementation du délai-congé	17
Placement, recrutement des ouvriers	6

Parmi les 17 conventions qui réglementent le délai-congé, 5 stipulent sa suppression.

Le *Bulletin du Ministère du Travail*, qui donnait déjà, par intervalles et en les groupant, l'indication des conventions collectives de lui connues, enregistre, depuis janvier 1921, les conventions dont le texte a été transmis au ministère du Travail au fur et à mesure de leur réception. Il en fait l'analyse.

Le numéro de juillet-septembre 1922 publie pour 1921 un tableau semblable à celui que nous venons de reproduire. Les chiffres en sont plus faibles : 159 conventions, dont le plus grand nombre (109) ont eu pour objet l'application de la loi de huit heures, et la plupart ont été passées sans grève. Une seule dissonance mérite d'être relevée entre les deux tableaux : le nombre des conventions signées entre non-syndiqués s'élève à 64 dans la statistique de l'année 1921, et ce nombre est proportionnellement plus élevé que celui de l'année 1920 : pour 1920, on ne nous indique pas ce chiffre, mais ceux qu'on nous donne pour les autres catégories laissent une place moins grande pour celle-là.

Au cours de l'année 1922, le *Bulletin* a relevé 42 conventions, plus 141 ayant pour objet spécial de régler les conditions de récupération des jours fériés, conformément aux règlements d'administration publique pris en application de la loi de huit heures ; mais la liste ne se trouve jamais arrêtée à la fin même de l'exercice en cours.

De ces quelques chiffres, nous laissons au lecteur le soin de tirer les réflexions qu'ils comportent ; nous avons suffisamment indiqué les problèmes que soulève la convention collective pour qu'on prenne intérêt à constater l'augmentation du nombre des conventions conclues sans grève, le rôle grandissant des Syndicats par rapport aux groupements de fait, la multiplication des Commissions mixtes, l'insertion des clauses d'arbitrage (1). S'il est excessif de tirer d'observations aussi courtes des conclusions générales sur l'état des mœurs quant au contrat de travail, il est parfaitement légitime de reconnaître, par *comparaison* d'éléments de même nature, un changement dans les rapports de ceux qui recourent à la convention collective. Ce changement tient beaucoup moins à

<hr>

(1) Sur le contenu des conventions collectives, on trouvera des détails dans l'ouvrage de BARTHÉLEMY RAYNAUD, *Le Contrat collectif en France* (Paris, Rousseau 1921). M. Raynaud suit l'histoire des contrats par industrie ; il observe une catégorie que nous avons dû négliger : les contrats pour ouvriers étrangers en France, et fait une place spéciale à ce qu'il appelle « contrats collectifs d'autorité », qui ressortissent plutôt à la réglementation professionnelle, et que, pour cette raison, nous avons laissés en dehors de notre étude.

l'influence de la loi de mars 1919 qu'à celle de la loi syndicale de 1884 et aux progrès de l'organisation professionnelle. Ce sont ces progrès qui permettent à la convention collective de mieux remplir son but, et la convention collective permet de constater ces progrès; peut-être y aide-t-elle en proposant aux groupes professionnels un but précis? Ce serait assez difficile d'établir dans quelle mesure.

Effets des conventions.

Un pareil sujet échappera toujours à la statistique. Des pointages minutieux permettraient encore d'observer comment on a respecté les conventions; on pourrait arriver, moyennant des recherches extrêmement poussées, à savoir si l'on doit aux conventions d'avoir écarté des grèves. Mais l'influence qu'elles ont exercée sur la durée et l'intensité des grèves, la qualité morale des rapports entre patrons et ouvriers, l'effet des conventions sur la stabilité des conditions de travail, tout ce qu'elles ont pu empêcher... qui le pèsera?

On ne peut obtenir quelques estimations que par coups de sonde, en ce qui touche aux effets matériels, par aveux en ce qui intéresse le moral.

a) Une circonstance permet un de ces coups de sonde, dans des conditions assez significatives. Les salaires ont subi, ces dernières années, des variations considérables; or, ils forment l'un des objets essentiels des conventions collectives. Un article du *Bulletin du Ministère du Travail* (1) contient quelques renseignements au sujet de l'influence des conventions collectives sur le règlement amiable des questions de salaires.

Déjà le grand nombre des conventions passées en 1919 — 557, — à un moment où les débats de salaires se multipliaient, constitue une indication. Que 80 seulement de ces conventions aient été passées après grève révèle l'influence pacificatrice des conventions collectives; et que 224 aient été signées sans intervention de tiers atteste la pratique des accords directs.

Un des phénomènes intéressants des années 1919 et 1920 — dit l'article du *Bulletin* (p. 282), — outre le développement des conventions collectives, est l'institution, par conventions collectives, de Commissions mixtes chargées de réviser périodiquement le taux des

____

(1) N° juill.-sept.-oct. 1921 : Mouvement des salaires depuis la guerre.

indemnités de vie chère, d'après les variations du coût de la vie, soit en utilisant à cet effet des données statistiques établies en dehors d'elles, soit en calculant elles-mêmes ces variations pour la région intéressée.

Et le *Bulletin* cite de nombreux exemples.

Mais, dira-t-on, ces exemples perdent beaucoup de valeur du fait qu'ils sont pris à une époque de hausse des salaires. Aussi la partie la plus intéressante de l'article concerne-t-elle la période de baisse :

Ces modifications de salaires se sont opérées sans grande difficulté et pour ainsi dire mathématiquement lorsque par convention collective il avait été prévu qu'elles s'opéreraient d'après les variations du coût de la vie.

Si cette considération d'un rapport équitable à établir entre la baisse du coût de la vie et la diminution à apporter aux salaires a été le plus souvent négligée lorsque la réduction a affecté des établissements isolés, elle a inspiré un grand nombre d'accords entre syndicats patronaux et ouvriers, ou de décisions unilatérales prises par des organisations patronales et applicables à l'ensemble des établissements adhérents.

On conçoit que les grèves en une telle période de crise ne pouvaient manquer d'être nombreuses, mais il ne paraît pas douteux que le nombre en a été sensiblement réduit par le développement pris pendant la guerre de relations plus suivies entre patrons et ouvriers, et par la pratique des conventions collectives. (p. 283).

Nous sommes obligé de nous contenter ici de ces affirmations, car les preuves seraient beaucoup trop longues. Il suffira d'indiquer que les faits rapportés par le *Bulletin* sont classés sous deux rubriques, la 1re : « Variations intervenues sans grève »; la 2e : « Variations de salaires à la suite de grèves. » Voici le détail des titres de la première rubrique :

A) — *Variations de salaires intervenues à la suite de conventions préalables passées entre organisations patronales et ouvrières, en vue de la fixation périodique des salaires ou indemnités de vie chère d'après les variations du coût de la vie.*

B) — *Variations de salaires intervenues en vertu de conventions passées sans grève entre organisations patronales et ouvrières depuis le premier janvier 1921.*

C) — *Variations de salaires intervenues à la suite de décisions d'ensemble imposées par des organisations patronales depuis le premier janvier 1921 et portant fixation des salaires ou indemnités de vie chère.*

D) — *Variations intervenues sans qu'il y ait eu grève, dans des établissements isolés, soit à la suite d'une entente avec le personnel, soit par décision de la Direction de l'établissement.*

Or, si la première des deux rubriques comporte bien plus

de cas que la seconde, dans cette première partie même, les deux premiers paragraphes, A et B, tiennent une place considérable, plus encore par l'importance que par le nombre des cas : il s'agit en effet d'*organisations,* dont certaines s'étendent à un vaste domaine.

b) Quant aux effets moraux des conventions collectives, nous ne pourchasserons pas les témoignages, car, encore une fois, nous ne pouvons prétendre aboutir à des conclusions. Nous nous référerons seulement à un Congrès entièrement consacré à l'étude de la convention collective : le Congrès tenu en 1921 par la Fédération des Syndicats féminins, connue sous le nom de Fédération de la rue de Sèze.

Voici la fin du compte-rendu que publiait *la Travailleuse* (février 1921), organe de la Fédération :

Ajoutons, pour donner une idée d'ensemble de cette journée d'étude, que des communications intéressantes ont été faites par un certain nombre de Syndicats fédérés exposant les conventions signées par eux dans leur région : Paris, convention dans la Blanchisserie et conventions multiples dans la Couture en 1917, 1918, 1919; — Marseille, conventions diverses dans la Couture pour la semaine anglaise et pour la fixation d'un barème de salaire ; — Lyon, convention de juin 1919 dans la confection d'ornements d'église et dans la soie; en mai 1920 pour la Cravate; — Bordeaux, conventions diverses, en juin 1919, dans le Commerce et la Couture; — Vienne, convention dans le Textile; — Amiens, convention dans la Couture.

Ainsi la pratique de la convention collective entre de plus en plus dans nos mœurs. Et malgré les déficits reconnus, à la loi du 25 mars 1919, la convention collective montre l'efficacité qu'elle peut avoir pour assurer l'harmonie entre le capital et le travail, pour donner aux travailleurs les garanties et la stabilité dont ils ont besoin. Souhaitons qu'un pas en avant soit encore fait et qu'en étendant les bienfaits de la convention collective à tous, nous entrions dans la voie d'une véritable organisation professionnelle.

Ainsi la Fédération connaît par la pratique la convention collective et la juge pacificatrice. Qu'on n'objecte pas que ce témoignage d'un groupement catholique possède moins de force que s'il provenait de la C. G. T. : les ouvrières qui, en vertu de leur doctrine, recherchent la paix sociale, ne sont-elles pas plus qualifiées pour en apprécier les instruments que les protagonistes de la révolution ? Au surplus, elles ont dû souvent conquérir de haute lutte le droit d'apposer leur signature à côté de celle de la C. G. T., et si l'on pouvait ici rapporter les persécutions qu'elles ont vaillamment subies, on trouverait à leur témoignage un accent de singulière sincérité.

Nous ne parlerons pas des effets que peut produire la convention collective sur la concurrence économique entre industriels. Il faut ici une expérience plus longue, que nous ne pourrions observer avec une certaine force qu'à l'étranger.

C) JURISPRUDENCE

La jurisprudence postérieure à la loi de 1919 est beaucoup moins intéressante que la jurisprudence antérieure ; les principes se trouvent désormais fixés : il n'y a plus guère que des cas d'espèce. Ce qui va devenir intéressant, c'est l'évolution de la conception même de la convention collective.

Dans la jurisprudence, un seul point nous apparaît flottant : la valeur que l'on peut attribuer à une convention collective pour exprimer les « usages ». Les jugements qui soulèvent ce problème forment une catégorie parmi les autres jugements, ceux-là très nets, qui décident.

À qui est opposable une convention collective.

Le 11 février 1920, le 11 mai 1920, la Cour de cassation casse des jugements de Conseils de prud'hommes qui avaient prétendu étendre les conditions de conventions collectives (sentences arbitrales) à des personnes non adhérentes à ces conventions (1).

Le 5 janvier 1921, la Cour de cassation infirme un jugement du Conseil de prud'hommes de Versailles qui avait appliqué à des patrons les termes d'une convention collective « sans constater qu'ils soient membres d'un syndicat ou groupement y ayant pris part, ou qu'ils y aient donné une adhésion individuelle ». « A défaut de cette précision nécessaire, la sentence n'est pas légalement justifiée. » (2)

Ces décisions confirment, en s'appuyant sur la loi de 1919, la jurisprudence antérieure. Nous y distinguons une affirmation de principe et une question de forme.

Mais voici deux autres affaires qui, tout en portant sur le même objet et étant résolues d'une façon identique, présentent des éléments de fait susceptibles d'appréciations divergentes.

D'abord un jugement des prud'hommes de la Seine, en date du 5 avril 1919, dont la *Revue des Conseils de prud'hommes* (3) donne une analyse assez claire pour être suffisante :

(1) *Revue des Conseils de prud'hommes*, n° de juin 1920.
(2) *Revue des Conseils de prud'hommes*, n° de fév.-mars 1921.
(3) N° de déc. 1919.

Les décisions des Chambres syndicales patronales et ouvrières, ainsi que celles des Commissions mixtes, ne sont opposables qu'autant qu'elles s'appliquent aux contractants ou à ceux qui y ont été parties.

En conséquence, un ouvrier ne peut réclamer à son patron non adhérent un supplément d'indemnité de vie chère, en se basant sur la décision prise par les Chambres syndicales des entrepreneurs et des ouvriers de sa corporation, et confirmée par la Commission mixte desdites Chambres.

La *Revue* ajoute : « Décision conforme à la doctrine et à la jurisprudence. » C'est exact. On pourrait cependant concevoir qu'une décision corporative comme celle dont il est question passe pour fonder des « usages professionnels » ; une telle décision n'oblige que ceux qui en forment entre eux un traité, mais elle indique en outre une base *habituelle* de fixation des salaires dans la profession. Sans doute, la date récente de la décision ne permettait pas de voir en elle un usage habituel.

Plus puissant aurait pu paraître l'argument de l'usage dans l'autre affaire.

Le Conseil des prud'hommes de la Seine avait, par jugement du 31 octobre 1918, accordé une indemnité de vie chère à un ouvrier en se fondant sur une convention transactionnelle intervenue le 25 septembre 1918, à la suite d'une grève dans l'industrie du vêtement à Paris, entre *les* Syndicats ouvriers et le président de l'*Association générale* des tissus et matières textiles agissant *au nom des Chambres syndicales* du vêtement adhérentes à l'Association. Sur pourvoi d'un patron, la Cour de cassation, le 7 avril 1919, réformait le jugement des prud'hommes par ce motif : « Vu l'article 1165 du Code civil ; attendu qu'aux termes de cet article les conventions n'ont d'effet qu'entre les parties contractantes... » (1) Le motif n'est pas tiré de la loi de mars 1919, ce qu'explique la date de l'affaire, mais la loi de 1919 n'a rien changé à la matière et laisse les magistrats toujours libres de recevoir une convention non comme un contrat mais comme une indication d'usages. Les conditions dans lesquelles avait été conclue la convention collective invoquée paraissent bien exprimer une règle professionnelle. Là encore, nous croyons qu'on ne pouvait, sans forcer un peu, la prendre pour un usage établi. Par contre, si l'on peut y voir l'expression de la volonté de la profession — ce qu'établirait seulement une recherche sur l'importance réelle des groupes associés, — on trouvera là un argument pour passer de la thèse du droit privé à celle du

(1) Voir *Revue des Conseils de prud'hommes*, nº de janv. 1915-août 1919

droit public : une volonté particulière peut-elle tenir en échec une règle générale dans la profession ?

Lorsque le caractère d' « usages » est nettement établi, la Cour de cassation en tient compte. Elle l'a montré en cassant, le 14 mars 1921, un jugement prud'homal du Havre en date du 8 juillet 1918 ; la Cour donne raison à des ouvriers qui n'ont pas voulu exécuter certains travaux contraires aux usages du port du Havre et proclame la valeur de ces usages, consacrés par un contrat collectif. Mais ce qui prouve que ledit contrat n'est reçu qu'à titre de renseignement, c'est qu'il date du 1er août 1910 : il n'a donc pas une valeur de contrat, mais il enregistre des usages auxquels se conforment entrepreneurs et ouvriers du port du Havre (1).

Toute cette jurisprudence s'applique à des individualités adhérentes ou non adhérentes à une convention au moment où celle-ci a été signée. Le cas suivant réalise la situation du 4º de l'article 31 k : « Sont considérés comme liés par la convention collective de travail : 4º ceux qui, postérieurement au dépôt de la convention, entrent dans un groupement partie à cette convention. » Un ouvrier nommé Mouton réclamait à la Société Lille, Bonnières et Colombes, d'être payé au tarif d'une convention collective ; la Société opposait que Mouton n'était pas ouvrier au moment où fut passée la convention et qu'il existait entre elle et lui une convention particulière. Le Conseil des prud'hommes de la Seine reconnut, le 13 novembre 1920, le droit de Mouton, qui était devenu partie à la convention en entrant dans le Syndicat signataire et dont, par suite, la convention particulière était radicalement nulle (2).

Stipulations particulières

Cette affaire illustre donc, d'autre part, le principe légal d'après lequel sont nulles les conventions particulières faites en dérogation des clauses d'une convention collective.

Mais il est des cas où des stipulations particulières peuvent être valables. Nous avons trop longuement discuté l'article 31 r pour commenter un arrêt qui a dû l'appliquer ; résumons simplement cet arrêt (3).

(1) Voir *Revue des Conseils de prud'hommes*, nº de nov. 1921.
(2) Voir *Revue des Conseils de prud'hommes*, nº de janv. 1921.
(3) Voir *Revue des Conseils de prud'hommes*, nº d'août 1921.

Il émane de la Cour de cassation et a été rendu le 7 mars 1921, sur pourvoi de la Société des Houillères du Mas-Nau contre un jugement du Tribunal civil de Millau en date du 14 mai 1920. Le jugement de Millau avait condamné la Société à payer à deux de ses anciens ouvriers, en plus du salaire convenu, un supplément de salaire, par application d'une sentence arbitrale devenue convention collective par l'acceptation des deux groupements d'employeurs et d'employés. La Cour constate que les ouvriers étaient bien membres d'un groupement engagé, mais elle déclare que la Société ne l'était pas. Or, l'article 31 r dit : quand une seule des parties est liée, les clauses de la convention « sont présumées s'appliquer aux rapports nés du contrat de travail, à défaut de stipulation contraire ». Ainsi la présomption légale cesse par suite des stipulations particulières différentes intervenues entre les contractants.

Observons que le jugement de Millau ne méconnaissait pas l'article 31 r, mais s'arrêtait à une situation différente de celle-là : il considérait que le silence de la Société des Houillères à l'égard de la sentence arbitrale devait être interprété comme une acceptation formelle. C'est cette appréciation que réforme la Cour, créant un cas juridique différent.

Dommages-intérêts pour violation.

Deux jugements des prud'hommes de la Seine :

5 février 1920 : « Le fait, pour un patron, de renvoyer un ouvrier qui se refuse à travailler à d'autres conditions que celles d'un contrat collectif liant les parties, constitue une violation délibérée de ce contrat... » (1) et ouvre droit à dommages-intérêts au profit de l'ouvrier.

11 décembre 1920 : Le tribunal condamne une ouvrière pour avoir rompu les conditions d'une convention collective (2). Les faits sont extrêmement contestables, mais, si l'on admet les vues du tribunal, on le voit appliquer un principe : un ouvrier qui rompt un contrat collectif est passible de dommages-intérêts.

(1) Analyse de la *Revue des Conseils de prud'hommes*, n° de mai 1920.
(2) Voir *Revue des Conseils de prud'hommes*, n° de fév.-mars 1921.

Action syndicale.

Jugement très intéressant du Tribunal civil de Saint-Nazaire, en date du 21 juillet 1922 (1).

Le Directeur des Chantiers et Ateliers de la Loire ne pouvait plus assurer de travail aux ouvriers parce que les frais de construction des navires arrêtaient les commandes ; il put en obtenir une, à la condition de l'exécuter à un prix qui nécessitait de supprimer l'indemnité de vie chère aux ouvriers. Il soumit cette proposition aux ouvriers, qui émirent à la majorité un vote favorable. Mais il existait entre la Direction et le Syndicat ouvrier une convention collective, à laquelle les nouvelles conditions venaient déroger ; de plus, l'ancienne convention fixait des délais de préavis qui ne se trouvaient pas respectés.

Situation délicate : le Syndicat ne pouvait nier que le nouveau contrat fût favorable à ses membres ; d'autre part, il voyait détruire un acte où était engagée sa valeur représentative. De multiples questions se posaient, de multiples actions pouvaient naître.

Sans entrer dans toutes les considérations du problème, résumons le jugement du Tribunal.

Celui-ci déclare d'abord : si, aux termes de l'article 31 de la loi du 25 mars 1919, les syndicats qui sont parties à une convention collective de travail peuvent exercer toutes les actions qui naissent de cette convention en faveur de chacun de leurs membres, c'est à la condition que ceux-ci n'aient pas renoncé à ces actions.

C'est certain, et le jugement constate à bon droit que, par leur vote, les ouvriers avaient consenti un nouveau contrat de travail. Mais il ajoute : « contrat licite, car aucun principe de droit ne s'oppose à ce que des ouvriers et un patron, bénéficiaires d'un contrat collectif, y dérogent par des contrats individuels (*Cass. civ.*, 16 décembre 1908) ». Le Tribunal vient pourtant d'exprimer la connaissance où il est que, depuis le 16 décembre 1908, il y a eu une loi de 1919, mais, s'il connaît l'article 31 *v*, il semble avoir oublié l'article 31 *q*, qui s'oppose aux dérogations par contrats individuels. Peu importe en fait : le syndicat ne pouvait guère songer, en pré-

(1) Voir *Revue des Conseils de prud'hommes*, n° de janvier 1923.

sence de l'attitude de ses membres, qu'à exercer à l'égard de son seul co-contractant l'action qui lui est propre.

Et le jugement continue, en substance : ainsi le syndicat ne peut obtenir de dommages-intérêts au nom des membres, qui, au surplus, n'ont pas été lésés ; mais l'organisation syndicale subit un dommage du fait que le Directeur a traité directe- avec ses ouvriers, avant de dénoncer le contrat collectif ; ainsi a-t-il manqué à une obligation du contrat collectif. « Attendu que le syndicat a intérêt à ce qu'un patron ne se délie pas irrégulièrement de ses obligations, et peut subir du fait d'une telle rupture un certain dommage »... « dommage en l'espèce bien peu important », la mesure prise ayant été avantageuse aux ouvriers qui, sans elle, eussent été réduits au chômage, le Tribunal fixe à un franc la réparation due au Syndicat.

Commission d'arbitrage.

Par jugement du 16 février 1920, le Conseil des pru-d'hommes de Nice refuse de juger un différend pour lequel une convention collective a établi une Commission d'arbi-trage (1).

Résolution.

Le juge de paix de Carmaux a rendu, le 2 décembre 1921, un jugement que rapporte la *Gazette du Palais* (2). Celle-ci conteste le jugement, parce que, depuis la signature de la con-vention en cause, il s'est produit des grèves, et que, selon la jurisprudence de la Cour de cassation, la grève a nécessaire-ment pour effet de rompre le contrat de travail. Il serait intéressant que semblable affaire vînt en Cassation, pour savoir si la Cour traitera une convention collective comme un contrat de travail ; l'assimilation faite par la *Gazette* est assu-rément illogique, mais la Cour peut arriver à la même conclu-sion par d'autres chemins! — Pour le surplus, le jugement de Carmaux applique simplement des prescriptions formelles de la loi de 1919.

Cette affaire de Carmaux est venue en appel devant le Tri-bunal civil d'Albi, qui a rendu son jugement le 22 mars 1922

(1) *Revue des Conseils de prud'hommes*, n° de juin 1920.
(2) Numéro du 11 févr. 1922.

(1). Effectivement, le Tribunal admet que la grève rompt la convention collective, mais il ne traite pas pour autant la convention collective comme un contrat de travail particulier, car il estime que, la grève terminée, un nouveau contrat (collectif) se forme, et ce contrat nouveau fait revivre la convention éteinte s'il n'est pas formulé de réserve ou d'objection. Or, après les grèves survenues en 1919 et en 1920, la convention collective antérieure avait été, constate le Tribunal, reprise et observée par les parties dans leurs rapports.

Une conséquence : une convention antérieure à la loi du 25 mars 1919 qui revit de la sorte après rupture par grève n'est pas soumise à l'obligation d'être écrite à peine de nullité (2).

Nous trouvons un autre aspect de la résolution dans une affaire jugée le 31 décembre 1921 par le Tribunal civil de Besançon (3) : ce jugement applique l'article 31 c aux termes duquel la convention doit être écrite à peine de nullité; et — c'est le point intéressant — il considère qu'une modification apportée dans la durée du travail fixée par la convention constitue un contrat nouveau; il est vrai que le changement était considérable, ramenant à 36 heures, par accord verbal, la durée de 48 heures inscrite dans la convention. Il y a là, dit le Tribunal, une convention nouvelle, soumise aux conditions de forme et de publicité exigées par l'article 31 c.

D) ORIENTATION DU MOUVEMENT

On éprouve quelque embarras pour classer les faits qui permettent de suivre l'évolution des idées au sujet de la convention collective. Ces idées ni ne partent d'un moment déterminé, ni ne se cantonnent dans un milieu homogène, ni ne revêtent la même forme concrète .

Veut-on les saisir au Parlement, sous forme de propositions de loi? on trouve des propositions, et des lois même, exacte-

(1) Voir *Revue des Conseils de prud'hommes*, n° de juill.-août 1922.

(2) A propos de cette affaire, relevons un autre point : le Tribunal reconnaît le droit d'agir du Syndicat sans même qu'il y ait à en chercher le fondement dans la loi de 1919, le Syndicat possédant, de par la loi du 12 mars 1920, le droit d'ester en justice pour la défense des intérêts collectifs de la profession.

(3) Voir *Revue des Conseils de prud'hommes*, n° de nov. 1922.

\ment contemporaines de la loi du 25 mars et inspirées d'une doctrine différente. Il en est qui reflètent davantage l'opinion publique que celle des Chambres, et c'est à propos du projet Strauss que nous recueillerons les indices les plus nets des opinions précisément extra-parlementaires. Parfois on veut atteindre le but d'une réglementation professionnelle en réformant la loi, parfois on y tend sans quitter son terrain.

Peut-être la méthode d'exposition la plus claire consistera-t-elle à présenter comme des sujets indépendants les deux propositions de loi Strauss et Lerolle, quitte à les rapprocher ensuite d'autres événements et à dégager des vues générales (1).

I. — Les propositions de loi.

Deux textes furent soumis au Parlement, alors que la Chambre avait déjà voté la future loi du 25 mars, mais avant que le Sénat ne l'ait adoptée.

Le premier, bien qu'il revête les apparences d'une proposition d'initiative parlementaire, fut présenté comme projet de loi, d'initiative gouvernementale. C'est qu'il venait remplacer le texte du projet voté par la Chambre. La Commission sénatoriale chargée d'examiner le projet de loi lui substitua un texte qui fit l'objet d'un rapport de M. Strauss. D'où le nom de projet Strauss communément employé (2). Il fut déposé à la séance du 17 décembre 1918.

D'autre part, le 19 novembre 1918, M. Jean Lerolle déposait à la Chambre une proposition de loi (3).

Ces textes n'offrent pas beaucoup d'intérêt pour témoigner de l'état d'esprit du Parlement, où ils ne furent pas pris en considération, mais ils en ont un grand comme expression d'opinions extérieures.

(1) Nous ne parlerons pas du projet Millerand sur le règlement amiable des conflits collectifs du travail (*J. O.*, Chambre, Doc. parl. 1920, n° 489), qui se rattache plus à la loi du 27 déc. 1892 sur la conciliation et l'arbitrage qu'à la législation de la convention collective : ce projet réagit sur la question de la convention collective de la même manière que la loi de 1892, mais en accentuant, comme la loi de 8 heures, la valeur réglementaire des accords professionnels.

(2) Rapport de M. Paul Strauss : Sénat, session ordinaire de 1918, annexe n° 499.

(3) Chambre, session ordinaire de 1918, annexe n° 5243.

Le projet Strauss.

Le projet Strauss, en effet, vit le jour hors du Parlement, dans un milieu très représentatif de l'opinion professionnelle : la Commission mixte de la Seine. Ces Commissions mixtes avaient été constituées, en vue du retour, à l'état de paix, pour étudier les questions relatives au maintien du travail; celle de la Seine comprenait, dans ses 46 membres, quelques parlementaires ou conseillers municipaux, mais principalement des représentants des organisations patronales et ouvrières, Chambres syndicales ou Fédérations, conseillers prud'hommes, membres du Tribunal ou de la Chambre de commerce (1).

La Commission mixte de la Seine fut, au cours de l'année 1918, invitée par son président à étudier le projet sur les conventions collectives soumis au Sénat. Or, le président de cette Commission était le même que le président de la Commission sénatoriale : M. Strauss.

Au rebours de ce qui s'était passé antérieurement à la guerre — dit M. Strauss en son rapport (p. 14), — les représentants les plus qualifiés et les plus compétents des employeurs et des travailleurs furent unanimes à admettre le principe et l'utilité de la convention collective de travail.

Cet aveu ne saurait laisser indifférent le spectateur de l'évolution des idées qui a lu dans le *rapport Groussier* l'attitude des Chambres de commerce et de la Confédération Générale du Travail. M. de Ribes-Christofle, président de la Chambre de commerce de Paris, figure dans cette « unanimité », ainsi que les représentants de la C. G. T. La Confédération des Travailleurs chrétiens n'existe pas encore, mais nous rencontrerons plus tard son avis.

Or, l'unanimité de principe ici mentionnée se maintint pour adopter un amendement de M. Luquet, qui proposait de *compléter* le texte de la Chambre en s'inspirant de la procédure instituée par la loi du 11 juin 1917 sur le repos de l'après-midi du samedi dans l'industrie du vêtement.

M. Luquet a exposé lui-même, dans l'*Information ouvrière et sociale* du 7 juillet 1918, la portée de son amendement.

(1) La liste des membres de la Commission est donnée par le rapport Strauss, p. 13.

C'est une sorte d' « exposé des motifs », puisque l'amendement est allé au Sénat, et comme il reflète non une pensée personnelle mais celle de la Commission mixte, il paraît utile de lui faire de larges emprunts.

Après avoir souligné la fragilité des conventions, auxquelles chacun peut se soustraire aisément, et avoir relevé la tendance, pratique et juridique, vers un empire plus général de la convention collective sur la profession, M. Luquet continue :

Dès lors, il apparut [à la Commission mixte] qu'il fallait sortir du cadre du projet de la Chambre et qu'une loi sur la matière devait, pour être utile et répondre à son objet, en même temps qu'à la logique des choses et à la loyauté nécessaire, entre les patrons eux-mêmes, sur le terrain de la concurrence commerciale ou industrielle, ne pas faire obstacle à cette orientation, mais la suivre, mais l'accentuer même pour atteindre le but désirable et désiré. C'est alors que vint à l'esprit de la Commission ce qui avait été fait, législativement, quand furent conclus des contrats établissant, dans diverses industries où travaillent surtout des femmes, la semaine anglaise.

Que se produisit-il, au commencement de 1917 ? Les ouvrières de la couture et de la mode parisiennes sortirent en masse des ateliers, réclamant la semaine anglaise. Nombre de maisons de ces industries reconnurent que la revendication était fondée. Mais si la maison voisine, concurrente, allait la refuser à ses ouvrières ? Les syndicats patronaux se réunirent. On ne s'y entendit guère. Les patrons réfractaires à la réforme, les moins nombreux, rendaient impossible la solution d'un conflit devenu formidable, qui gagnait chaque jour en étendue, dans de nouvelles professions. On en référa au ministre de l'Intérieur, puis au ministre du Travail. Les patrons acquis à la pratique de la semaine anglaise n'objectaient qu'une difficulté; mais elle était d'importance pour eux : la concurrence que ne manqueraient pas de leur faire ceux de leurs collègues qui, s'ils pouvaient ne pas donner à leur personnel la satisfaction demandée, obtiendraient ainsi une production moins onéreuse et, par conséquent, des facilités de concurrence déloyale.

C'est alors que, par esprit de justice bien compris, et pour obliger à un minimum de loyauté entre les entreprises visées, fut envisagée l'intervention du législateur. Pour ordonner l'application de la semaine anglaise partout et fixer une règle unique à son application ? Non pas. Mais seulement pour dire qu'elle s'appliquerait tout de suite aux industries plus particulièrement féminines; c'est-à-dire à celles du vêtement pour lesquelles était intervenue la loi du 10 juillet 1915 sur le minimum de salaire des ouvrières à domicile, et qu'elle s'appliquerait, cette semaine anglaise, dans les conditions, selon les modalités que les corporations intéressées fixeraient elles-mêmes par les accords ou contrats que les syndicats patronaux et ouvriers souscriraient.

Législation souple, excellente, qui édicte une réforme sociale; mais qui laisse aux intéressés, employeurs et salariés, le soin d'en déterminer les règles d'application en tenant compte des besoins et des intérêts corporatifs.

C'est ainsi qu'en quelque sorte, sur un point délimité, le légis-

lateur a ouvert le droit, pour la corporation, de dire la loi corporative, que promulgue ensuite, par arrêté, l'autorité administrative.

M. Strauss, de son côté, défend cette extension du système
de la loi du 11 juin 1917 sur la semaine anglaise,

afin de pouvoir étendre à toute la profession les bienfaits d'un arrangement stable et pacificateur.

Ce qui domine, en effet, c'est la nécessité d'établir l'égalité de
traitement entre tous les concurrents d'une même profession pour que
les plus généreux et les plus disciplinés ne portent pas la peine de
leur fidélité syndicale et de leur loyalisme corporatif (p. 16).

C'est, peu développé, le seul argument que renferme le rapport Strauss. Nous le reconnaissons pour l'avoir rencontré
sous la plume de M. Raoul Jay, l'argument de la concurrence
industrielle.

Voici le texte du projet Strauss :

PROJET STRAUSS

ARTICLE UNIQUE. — La Convention collective intervenue entre
syndicats patronaux et ouvriers qualifiés pour représenter les intérêts
généraux d'une profession dans une région déterminée peut, à la
demande des syndicats contractants, être étendue par arrêté préfectoral et, dans la mesure où les dispositions de ladite convention ne
sont pas contraires aux lois, à tous les employeurs et salariés de la
profession et de la région.

Les arrêtés pris en vertu de l'alinéa précédent sont déposés aux
secrétariats des Conseils de prud'hommes et, à leur défaut, aux
greffes des justices de paix du ressort de leur application et publiés
par les soins du préfet dans les conditions déterminées par un règlement d'administration publique.

Lesdits arrêtés sont exécutoires le neuvième jour de leur publication si, dans la huitaine qui suit la publication, ils n'ont pas fait
l'objet d'une protestation motivée de la part des intéressés et adressée
au préfet.

La ou les protestations sont communiquées aux syndicats contractants et sont portées devant la Commission centrale instituée par
l'article 334 du livre premier du Code du travail et de la prévoyance
sociale.

Cette Commission statuera sur les protestations, dans la quinzaine
à dater du jour où elle sera saisie par les soins du ministre du
Travail et de la Prévoyance sociale.

Pour statuer sur ces protestations, la Commission centrale est
composée comme il est dit à l'article 334 du Livre premier du Code
du Travail et de la Prévoyance sociale, à l'exception des membres du
Conseil du travail ou du comité départemental de salaire, que rempla-
ceront, mais à titre consultatif seulement, un délégué de chacun des
syndicats contractants et le préfet qui a pris l'arrêté y relatif, ou son
représentant.

Nous ne discuterons pas ce texte, n'ayant ici ni à le blâmer ni à le défendre : nous le recueillons comme une manifestation, qui en provoquera d'autres, dont l'ensemble doit être enregistré pour jalonner l'évolution de notre sujet.

Il nous reste à fournir trois renseignements de fait :

La Commission mixte de la Seine proposait ce texte comme un amendement qui ne supprimait pas le projet voté par la Chambre et y aurait remplacé l'article 31 *k;* la Commission du Sénat le retint seul au contraire, différant de « légiférer actuellement, comme la Chambre l'avait fait, sur la jurisprudence, et pour entrer dans le vif des nécessités économiques les plus pressantes » (1).

A ce système le ministre du Travail avait donné « son assentiment complet » (2).

Le Sénat préféra voter sans retouches le projet envoyé par la Chambre.

La proposition Lerolle.

Il faut citer également le texte de la proposition déposée à la Chambre par M. Jean Lerolle, parce que des opinions se sont groupées et se groupent encore autour d'elle. Ce texte est d'ailleurs aussi court que clair.

PROPOSITION JEAN LEROLLE

Art. 1er. — Lorsqu'une convention collective aura été conclue entre un syndicat patronal et un syndicat d'employés ou d'ouvriers, ou tous autres groupements d'employeurs et d'employés, en vue de régler les conditions du travail d'une profession dans une région déterminée, l'autorité administrative pourra, à la demande des intéressés, publier ces conventions et les rendre obligatoires pour tous les employeurs et tous les salariés appartenant à ladite profession et à ladite région.

Art. 2. — La demande doit être adressée au préfet du département; s'il s'agit d'une convention intéressant une région dont les limites dépassent celles d'un département, elle est adressée au ministre du Travail.

Art. 3. — Si l'autorité administrative, après s'être entourée de tous les renseignements nécessaires, notamment sur l'importance et la valeur représentative des organisations signataires, décide de rendre obligatoire la convention collective, elle la communique aux syndicats patronaux et ouvriers de la profession et de la région intéressées et la fait connaître au public par voie d'affiche.

1) *Rapport Strauss*, p. 18.

(2) *Id.*, p. 16.

ART. 4. — Tout employeur ou employé, tout groupement d'employeurs ou d'employés appartenant à la profession et à la région réglementée, peuvent, dans les quinze jours qui suivent cette publication, formuler leur opposition motivée contre la nouvelle réglementation.

ART. 5. — Si aucune opposition ne se produit, la convention est rendue obligatoire par arrêté préfectoral.

Lorsque la région pour laquelle la convention est rendue obligatoire dépasse les limites du département, la convention est rendue obligatoire par décret du ministre du Travail.

ART. 6. — Le décret ou l'arrêté déterminera la durée d'application de la réglementation promulguée si elle n'a pas été fixée par la convention collective.

ART. 7. — Si des oppositions se produisent, le ministre du Travail en saisit immédiatement la Commission permanente du Conseil supérieur du Travail, laquelle statue sur les oppositions après avoir entendu les intéressés et les organisations signataires de la convention, ou après avoir pris connaissance de leurs mémoires.

ART. 8. — Si l'opposition est rejetée, la convention est promulguée comme il est dit à l'article 5.

ART. 9. — Les inspecteurs et inspectrices du travail sont chargés de veiller à l'exécution des arrêtés et décrets rendus conformément à la présente loi, et de dresser contravention en cas d'infraction.

ART. 10. — Toute infraction aux arrêtés ou décrets pris en vertu de l'article 5 de la présente loi est punie d'une amende de 5 à 16 francs.

Nous retrouvons dans cette proposition l'esprit du projet Strauss, avec une précision plus grande dans le fonctionnement du système. La pensée d'organisation professionnelle se marque dans l'exposé des motifs :

Vous permettriez aux intéressés de faire eux-mêmes la loi de leur profession sous le contrôle de l'autorité publique.

Ainsi, dans le cadre tracé par nos lois sociales, pourrait se créer une législation corporative plus souple, mieux adaptée aux besoins des industries et des régions.

La différence entre le projet Strauss et la proposition Lerolle réside dans la procédure. Le premier remet au préfet, saisi par les syndicats contractants, le droit d'étendre la convention, et ne fait intervenir une Commission d'appel que s'il survient des protestations ; ainsi, le pouvoir appartient au préfet, et l'on ne recourt à la Commission compétente qu'en cas de conflit. La proposition Lerolle place la consultation des intéressés, et par suite la décision de la Commission compétente, avant l'acte de l'autorité administrative, de sorte qu'il revient à la Commission de statuer sur les oppositions, l'autorité administrative n'ayant pour rôle que de jouer automatiquement si règne l'accord. D'autre part, la Commission n'est pas la même.

Les deux propositions quittent le terrain du droit civil, mais la seconde, grâce à la consultation préalable des intéressés, enlève de la force à l'objection qu'une minorité pourra régir la profession.

Dans la séance de l'Association pour la protection légale des travailleurs où l'on discutait sa proposition (1), M. Lerolle disait :

Ici, il ne s'agit pas de contrat civil, il s'agit de réglementation du travail; il ne s'agit pas de droit individuel, mais de droit social.

Il s'agit d'une réglementation à établir par le concours des intéressés et de l'autorité publique.

La règle des contrats ne saurait être invoquée.

D'ailleurs, grâce à la consultation préalable que je propose d'instituer, il n'est pas possible de dire que la convention collective est étendue, en dehors d'eux, à tous les intéressés. Tous sont appelés à y prendre part. L'intervention de l'autorité publique n'a d'autre effet que de sanctionner l'avis de la majorité (p. 14).

Et M. Millerand, président de séance, accordait son suffrage à la proposition Lerolle, parce que, disait-il, c'est le pouvoir donné à une autorité locale comme le préfet qui a fait échouer le projet Strauss au Sénat, et qu'il y a intérêt à ce que l'autorité chargée d'appliquer la loi ait figure de juridiction.

Les critiques adressées à l'intervention du préfet perdent ici, à un examen réfléchi, la plus grande part de leur force.

Plus intéressantes sont les observations fondées sur le défaut d'organisation professionnelle, car elles entrent davantage dans la substance même du problème.

M. de Rousiers, s'appuyant sur l'expérience acquise au Comité des Armateurs, exposait, à l'Association pour la protection légale, que la convention collective est le fait d'une élite qui entraîne la profession : c'est surtout une garantie d'ordre moral qui assure le respect des engagements; seule elle peut faire vivre la convention; si l'on étend la convention collective à l'ensemble de la profession, à des gens nullement organisés, on risque de compromettre l'institution. En tout cas, il faudrait un minimum de garanties pour étendre la convention : l'enquête qu'on propose est négative, et pour en

____

(1) Séance du 4 mars 1919. Compte rendu dans la collection des brochures de cette association, nouvelle série, n° 16. — Paris, Alcan et Rivière, 1919.

apprécier les résultats aucun organisme administratif ne paraît qualifié. Ce qu'il faut, ce sont des garanties légales, « que les syndicats qui ont passé des conventions collectives représentent vraiment une force, qu'ils expriment la volonté d'une majorité, d'une proportion importante de la profession dans la région. La loi peut exiger ces conditions pour permettre à l'action administrative de s'exercer » (1).

Ainsi posé, le problème est bien sur son terrain. M. Lerolle pourra répondre que « la question est moins de savoir l'importance numérique du syndicat ou du groupement contractant que son autorité morale, sa valeur représentative »; il ne s'écarte de M. de Rousiers que sur la façon d'apprécier la volonté d'une profession : ce qui leur importe à tous deux, c'est d'obtenir une expression de cette volonté, qu'une autorité publique ne saurait remplacer.

M. Duval-Arnould est venu le dire très justement : il s'agit ici de règlements pris en vertu de la loi; l'innovation consiste à déléguer l'autorité réglementaire à un organe spécial dont les éléments essentiels ne seraient pas administratifs. « Il y a longtemps que nous réclamons que les règlements professionnels soient faits par les professionnels. Ce n'est qu'à défaut d'organisations professionnelles, en France, que nous nous sommes résignés aux interventions législatives. » (2) La Commission permanente du Conseil supérieur du Travail n'est pas l'idéal; le rôle qu'on veut lui attribuer, il serait intéressant de le confier à des organisations régionales industrielles ou commerciales.

Au fond, ceux qui proposent d'étendre les effets des conventions collectives ont moins dans la pensée d'étendre la convention, considérée en elle-même comme un acte intéressant, que d'arriver par ce moyen à une réglementation professionnelle par la profession elle-même. La réglementation s'appuie sur la convention collective comme sur une chose existante, mais qui n'est pas un substratum logiquement nécessaire : il peut l'être dans le concret; les deux questions ne sont pas liées d'une nécessité intellectuelle. Le grand problème consiste à arriver à une réglementation de la profession par la profession, ce qui est un but d'organisation générale, de mise en ordre ; or, les conventions collectives

(1) Brochure citée de l'Ass. prot. lég., p. 39.
(2) *Ibid.*, p. 49.

apporten̨t une modalité de l'expression de la volonté professionnelle.

On peut en concevoir d'autres et, sans recherches, on en découvre immédiatement au moins deux : réglementation par le vote, réglementation par l'organe d'une représentation professionnelle. L'avantage de la convention collective est d'exister, puis de présenter, dès la base de l'édifice, un accord professionnel.

Quant aux moyens de l'utiliser, ils apparaissent manifestement incapables de donner satisfaction en l'absence d'organisation professionnelle. On se rejette sur des expédients, empruntés aux vieux cadres d'un ordre individualiste, dans l'attente du grand œuvre d'organisation, dans l'espoir aussi d'y conduire et de le préparer partiellement.

II. — Les faits

Cette aspiration vers une réglementation professionnelle par la profession elle-même nous paraît constituer le vrai point de vue sous lequel il conviendra de suivre désormais l'évolution de la convention collective. Question beaucoup plus large que la convention collective, la réglementation entraînera celle-ci dans son mouvement, la modifiera, l'adaptera, en fera un des éléments d'une organisation générale : on ne considérera plus la convention collective en elle-même, on ne cherchera plus à la perfectionner comme une institution qui se suffise ; elle subira les contre-coups de mesures plus vastes et se pliera aux nécessités d'une évolution qui la dépasse.

DANS LA LÉGISLATION

Nous n'en saurions trouver d'exemple plus significatif que les lois du 11 juin 1917 et du 23 avril 1919. Après les avoir examinées comme textes législatifs imposant certaines prescriptions, nous les prenons ici comme faits sociaux, symptômes d'une opinion, révélateurs d'une orientation.

Les dates de ces lois sont frappantes, si on les rapproche des dates des propositions Strauss et Lerolle. Leur coïncidence rend très remarquable l'insuccès des propositions établies dans le sens du développement continu de la convention collective et le succès des lois établissant une réglementation sur la base d'accords professionnels. Tandis qu'il rejetait ou négligeait les textes Strauss et Lerolle, *parallèlement* et sans prendre position quant à la réforme de la législation des conventions collectives, un état d'esprit parlementaire a fait voter deux lois dans le sens de l'évolution indiquée.

La date de la loi concernant l'industrie du vêtement, 1917, s'écarte un peu des autres, mais le rapport Strauss invoquait directement cette loi, s'appuyait sur elle et s'en compénétrait; le système de 1917 se perpétue d'ailleurs dans celui de la loi de huit heures, du 23 avril 1919, passant dans le temps au-dessus des propositions Strauss et Lerolle, qui sont de fin 1918. Et encore le rapport Strauss se rattache-t-il au vote de notre loi du 25 mars 1919 sur les conventions collectives, absolument contemporaine de la loi de huit heures.

Que peut signifier, dans cet enchevêtrement, cet apparent illogisme? — Droit privé, droit public! L'esprit parlementaire s'est alors — a-t-il changé depuis? — montré favorable aux réglementations professionnelles; il ne consent pas à étendre les obligations strictes du droit privé; — il est logique en comprenant que deux ordres de choses sont en présence; il est illogique en ne comprenant pas qu'il s'agit d'un même sujet, en train de passer d'un cadre dans un autre.

Les faits l'emporteront!

DANS LA VIE

Ils l'emportent déjà, dans la simple application des lois telles qu'elles existent.

Nous retrouvons là une dualité symétrique de celle que nous venons d'observer.

La loi de huit heures repose sur des accords profession-nels, qui ne deviennent obligatoires pour les non-signataires que par la vertu du règlement d'administration publique.

Or, s'il apparaît bien qu'une telle réglementation repose sur des conventions collectives, il apparaît de même que la réglementation peut se passer de la base de conventions collectives.

Nous avons vu, par la statistique, qu'un grand nombre de conventions collectives se rapportent à l'application de la loi de huit heures; un règlement d'administration publique relatif à cet objet ne pourra méconnaître l'existence de ces conventions, mais il pourra être pris sans qu'il existe de con-ventions; il tiendra compte d' « accords », qui peuvent d'ailleurs ne pas revêtir l'aspect formel de conventions col-lectives, il sera même promulgué en l'absence de tout accord

— 137 —

en ce cas, il devra être précédé d'une consultation des organisations patronales et ouvrières intéressées.

On voit que, si la loi du 23 avril 1919 contient, selon la remarque de M. Gaston Tessier (1), une incitation puissante à la formation de contrats collectifs, chaque convention collective passée en vue de cette loi déborde son terrain d'application et tend à régler la vie professionnelle ; elle prend un caractère de réglementation publique. Mais, inversement, l'inexistence de conventions collectives ne saurait arrêter l'extension de la réglementation : le mouvement qui entraîne en ce sens se servira des conventions, il se les incorporera, mais il ne s'y pliera pas et, pour arriver à son but, emploiera tout aussi bien d'autres moyens que les conventions collectives.

Il y a plus : non seulement la réglementation par décret peut se servir des conventions collectives ou se passer de cette base, mais, s'en servant, elle ne se confond pas avec elles. Or, si l'on n'a peut-être pas assez remarqué que, dans la pratique, le décret ne se superpose pas nécessairement à des conventions, il semble qu'on ait bien plus encore négligé d'observer le second point. Son importance est pourtant extrême. Bien entendu, quand nous disons que la réglementation par décret ne se confond pas avec les conventions qui lui servent de base, nous ne prétendons pas qu'on ait confondu la nature et la valeur de deux actes nettement différents ; la confusion consiste en ce qu'on semble croire, souvent, que le décret adopte la convention, s'y substitue et la transforme en y ajoutant sa valeur spéciale d'acte de l'autorité publique.

On ne réfléchit pas : 1°) que cette identification est la plupart du temps *impossible,* parce que rarement le décret se trouve en présence d'une seule convention, nationale, et que, faisant état de diverses conventions, il ne peut, par suite, se contenter d'un rôle d'enregistrement ; 2°) que cette identification n'est pas *obligatoire,* ainsi que l'observation précédente suffit à le faire comprendre, mais que, même en présence d'une seule convention nationale, le décret n'est pas tenu d'en adopter les termes ; 3°) qu'*une loi ne supprime pas les contrats* formés sous son empire, et que des accords non seulement demeurent possibles sous la réglementation générale, mais paraissent plus opportuns.

(1) *Revue des Jeunes,* 25 nov. 1919.

Vérifions ces observations dans les faits.

Comment sont rédigés les décrets pour l'application de la loi de huit heures? En voici un, par exemple : le décret du 8 décembre 1920 pour l'application de la loi de huit heures dans les industries du charronnage et de la carrosserie (1) ; il débute ainsi :

Vu les demandes présentées par diverses organisations syndicales ;
Vu l'avis... relatif à la consultation des organisations patronales et ouvrières... ;
Vu les accords intervenus entre diverses organisations patronales et ouvrières...

Mais voici une rédaction différente, dans le décret du 19 mars 1921, pris pour l'ameublement (*J. O.*, 24 mars 1921) :

Vu les demandes présentées par diverses organisations syndicales;
Vu l'avis... relatif à la consultation des organisations patronales et ouvrières... ;
Vu les observations présentées par les organisations patronales et ouvrières intéressées, à la Commission mixte du 21 décembre 1920.

Ici, pas de référence à des accords.

La consultation des professionnels est obligatoire ; la référence aux accords est obligatoire quand il en existe ; un accord n'est pas indispensable, et le décret n'est tenu de se conformer ni aux avis ni aux accords.

C'est ce qu'expliquait aux préfets la Circulaire ministérielle du 27 mai 1919 (*Bulletin du Ministère du Travail*, 1919, p. 141*) :

Ces règlements seront pris après avis des organisations patronales et ouvrières intéressées : leur avis est obligatoire. Le législateur a même marqué sa préférence pour un accord préalable entre ces organisations. Sans doute cet accord ne lie pas le pouvoir réglementaire.

D'autre part, le règlement, qui ne s'identifie pas avec la convention, ne la remplace pas davantage. Il est facile de le constater en observant une industrie particulière. Prenons celle de la métallurgie, dans laquelle intervint un accord célèbre, signé le 17 avril 1919 et complété par une seconde convention du 24 mai 1919. Le décret intervint le 9 août 1920 ; postérieurement à ce décret, il a été passé de très nombreuses conventions collectives dans la métallurgie (2), avec clauses

____

(1) *J. O.*, 12 déc. 1920.
(2) Voir les relevés du *Bulletin du Ministère du Travail*.

pour l'application de la loi de huit heures et du décret du 9 août 1920 lui-même.

Ainsi, réglementation et convention marchent de pair, mais non au même rang. L'exemple le plus moderne que nous puissions trouver, celui de la loi de huit heures, montre bien la tendance à employer des conventions de droit privé comme moyen d'atteindre, sous la forme de droit public qui paraît utilisable en l'état présent de nos mœurs et de nos lois, ce but idéal : le gouvernement de la profession par les professionnels eux-mêmes (1).

L'accord de la métallurgie doit nous retenir encore un moment. Nous venons d'observer des réalisations qui manifestent le sens en quelque sorte matériel d'une orientation; il faudrait, sous elles, découvrir une pensée.

L'accord de la métallurgie, par les conditions dans lesquelles il est intervenu, nous renseigne un peu. Sa date, d'abord, mérite d'être notée : le 17 avril 1919, la loi de huit heures n'était pas votée, rien n'obligeait les contractants à la prévenir, s'ils n'étaient dans des dispositions favorables. Leur convention, d'autre part, vise à former la loi de toute la profession : elle est signée par des organisations nationales; celle des patrons est des plus représentatives de l'état d'esprit des grands industriels. Sans doute, beaucoup, en s'y soumettant, pensaient faire la part de la nécessité : mais admettre une nécessité, c'est proclamer plus encore que par une adhésion intellectuelle la force d'une évolution.

Il est vrai : l'accord *moral* n'a pas été durable, et l'accord matériel même a été dénoncé par une lettre de l'Union patronale en date du 16 juin 1922. La mésentente est née, à notre avis, de deux causes : une désillusion... et la fin d'une illusion. Les contractants avaient cru promulguer la loi de leur profession; quand vint l'heure du règlement d'administration publique, des oppositions patronales, émanant de nouveaux adhérents, firent introduire des clauses différentes de celles de la convention; indignation de la Fédération ouvrière ! On manquait à la parole donnée ; cependant, nous l'avons dit et-

______

(1) Devant la Commission du Travail de la Chambre, M. Peyronnet, ministre du Travail, a déclaré, en fév. 1922, qu'il avait été pris, pour l'application de la loi de 8 heures, 24 décrets, visant 1 900 000 ouvriers, et que les décrets restant à prendre concernent 2 millions d'ouvriers.

Depuis cette date, de nouveaux décrets ont été pris, et l'on n'a pas oublié ceux qui concernent les chemins de fer et la marine marchande. Beaucoup de décrets sont aussi venus modifier les décrets primitifs.

cet exemple en est une illustration, le « pouvoir réglementaire
n'était pas lié par l'accord » ; d'autre part, on aurait pu considérer que la convention continuerait d'être appliquée entre les
contractants ; on a commis, volontairement ou non, la confusion dénoncée en considérant que le décret se substituait au
contrat (1). D'autre part, entre l'accord et le décret, il y avait
eu les grèves de mai 1920, et les patrons s'étaient aperçus que
la force révolutionnaire redoutée n'apparaissait pas si redoutable : changement d'opinion, changement de méthode. —
Le décret maintient, avec des modifications, l'accord antérieur ; mais l'entente n'y est plus !

Le brusque revirement d'opinion signalé dans la métallurgie
n'est certainement point propre à cette industrie. Et cette
remarque ôte de la force à l'argument que nous pourrions
tirer des délibérations de la Commission mixte de la Seine :
de l'exposé parlementaire où nous avons dû les faire figurer,
il faut les transporter ici, où nous observons l'évolution dans
le réel. Ces délibérations dénotaient une orientation catégo-
rique vers le développement des conventions collectives en
réglementation professionnelle ; la valeur représentative de
la Commission mixte, tant du côté ouvrier que du côté patronal, donnait une grande importance à son opinion. Il est
permis d'élever un doute sur le vote qu'elle émettrait aujour-
d'hui ! Néanmoins, la date de 1918 n'est pas assez éloignée,
ni la situation industrielle devenue assez stable, pour qu'on
refuse à l'ancien vote toute portée.

Nous ne nous attarderons pas à relever des opinions patronales individuelles : on en a cité au Parlement, et les ouvrages
consacrés à notre sujet en contiennent ; elles n'offrent pas un
tableau d'ensemble d'où l'on puisse dégager des lignes direc-
trices ; il semble toutefois que le nombre des conventions
signées, surtout sans grève, permette de dire que l'idée de la
convention s'acclimate ; on ne saurait en dire autant de l'idée
de réglementation. Pourtant, la forme d'organisation industrielle, dans laquelle le principe de l'entente patronale fait
reculer le principe de la concurrence, appelle — et, croyons-
nous, entraînera — l'entente corporative.

Dans le monde ouvrier, nous devons recueillir des indications plus nettes.

(1) Sur l'histoire du règlement d'administration publique pris pour la
métallurgie, voir MERRHEIM, *Information ouvrière et sociale* du 27 juin et
du 18 juill. 1920.

DANS LES REVENDICATIONS

Nous nous contenterons, laissant la C. G. T. à son désarroi, de consulter la Confédération française des Travailleurs chrétiens, force grandissante dont la pensée nous importe d'autant plus qu'elle est dominée par les principes de paix sociale. Une des résolutions que nous allons citer prouve d'ailleurs que les syndicats socialistes, dans le but de fortifier leur organisation, tiennent grandement aux conventions collectives, dont ils voudraient s'assurer le monopole.

Voici les résolutions (1) adoptées par le Congrès de fondation de la C. F. T. C., réuni à Paris les 1er et 2 novembre 1919 :

1°) Que les unions régionales poursuivent, par le moyen de leurs syndicats adhérents, une enquête permanente sur la situation des industries et des commerces, les besoins des différentes catégories de travailleurs dans leur ressort;

2°) Que les renseignements ainsi constitués donnent matière à l'élaboration d'après type juridique de projets de conventions collectives par régions et métiers;

3°) Que les unions régionales documentent les organismes centraux, fédérations et confédération, sur la situation économique de leur circonscription et les mouvements professionnels qui s'y accomplissent : revendications, grèves, accords, etc.;

4°) Que l'étude de la morale sociale catholique, notamment quant aux contrats de travail et au droit de grève, soit précisée et généralisée dans nos syndicats;

5°) Que les syndicats chrétiens, sur la base des projets de contrats collectifs élaborés par eux, prennent l'initiative de propositions, conversations et discussions avec les organisations patronales;

6°) Que les syndicats chrétiens, s'appuyant sur les principes de liberté et d'égalité établis, par la loi même du 21 mars 1884, entre toutes les associations professionnelles régulièrement constituées, revendiquent le droit d'intervenir, comme parties contractantes, dans les conventions collectives;

7°) Que l'article 31 j de la loi du 25 mars 1919 sur la convention collective de travail soit modifié, de manière à permettre la libre adhésion à la convention de tout syndicat régulièrement constitué;

8°) Que, suivant la proposition de loi de M. Jean Lerolle, les conventions collectives, une fois établies, puissent faire l'objet de règlements d'administration publique les appliquant à l'ensemble d'une localité ou d'une région.

La résolution 6 traduit l'effort que les syndicats chrétiens doivent faire pour lutter contre les prétentions socialistes ;

(1) Citées par G. TESSIER, dans sa Chronique sociale de la *Revue des Jeunes* du 25 nov. 1919.

effectivement, ils ont soutenu de vigoureux combats. La résolution 7 poursuit le même objectif, mais elle a une autre portée. Rapprochée de la huitième, elle montre que les réformes demandées par la C. F. T. C. s'établissent sur deux terrains.

En réclamant la modification de l'article 31 *j*, la Confédération se place dans le cadre même de la loi du 25 mars 1919, l'utilisant pour étendre l'effet des contrats jusqu'à obtenir, sans quitter le domaine du droit privé, des règles professionnelles aussi étendues que possible.

Mais le but idéal serait mieux atteint en quittant le droit privé pour passer dans le droit public : c'est à quoi tend la huitième résolution. Elle ne sacrifie d'ailleurs point la convention collective et l'utilise pour parvenir à la réglementation.

Préconiser deux moyens différents pour y arriver, l'un de droit privé, l'autre de droit public, c'est bien souligner, nous semble-t-il, que l'idée primordiale est celle de réglementation.

III. — Conclusion.

Ainsi l'examen du mouvement offre des manifestations diverses et qui semblent contradictoires : simultanément, dans un milieu déterminé, on paraît obéir à des pensées inconciliables ; celles-ci paraissent ne point s'enchaîner dans le temps, pas plus que dans l'espace ; elles vont d'un milieu à un autre et prennent des formes différentes, s'installant dans le droit privé ou cherchant le succès dans le droit public.

A défaut des preuves que nous avons rencontrées, ces fluctuations indiqueraient assez que la matière de la *convention collective* n'est guère envisagée en elle-même. Pour l'adapter aux réalités sociales, on la traite en fonction d'une idée dominante : celle de *réglementation professionnelle*.

Or, cette idée se trouve elle-même sous la dépendance d'une autre, encore plus générale : l'idée *d'organisation professionnelle*.

Le mouvement de la convention collective est dominé et emporté par le mouvement de l'organisation professionnelle. N'est-ce pas — sans reprendre un examen détaillé — la loi syndicale du 12 mars 1920 qui établit le droit du syndicat professionnel à représenter l'intérêt collectif ? Et les garanties numériques et morales réclamées des syndicats contractants comme un essentiel point d'appui de la convention collective ne dériveront-elles pas d'une organisation générale de la profession ? C'est par les mesures affectant l'organisation professionnelle que la convention collective a reçu et peut recevoir des améliorations.

Comment s'en étonner ? Toute la fermentation qui remue le monde du travail tend à établir, dans ce domaine comme dans les autres, un régime d'organisation sociale : immense effort de réaction contre l'individualisme révolutionnaire.

La réglementation professionnelle toute nue ne correspondrait pas à l'esprit générateur de cet effort : elle peut résulter d'une action étatiste, qui n'est qu'un produit de l'individualisme. Presque toute la législation ouvrière du XIXe siècle porte ce caractère : la protection du travail par l'Etat provenait de la nécessité de corriger les effets de l'individualisme.

Empirisme nécessaire. Il ne suffit pas. L'individualisme doit se corriger non plus dans ses effets mais dans son principe. Et la réglementation professionnelle veut être une expression de l'organisation sociale : ici, de l'organisation professionnelle.

La convention collective, sortant peu à peu de son cadre de droit privé, servira à maintenir la réglementation dans le sens organique. Elle est utile, à cet effet, en faisant reposer la réglementation sur un accord. Elle aura contribué — déjà nous le voyons dans des lois récentes comme la loi de huit heures — au succès de ce principe du gouvernement de la profession par la profession elle-même. Ainsi s'insère-t-elle dans l'ensemble du mouvement social et dans l'esprit de ce mouvement.

Etablissant un lien entre l'*organisation* et la *réglementation*, la convention collective prépare l'avènement d'une réglementation à qui elle apportera en don précieux son caractère non pas *contractuel* mais *conventionnel*.

APPENDICE

Loi du 25 mars 1919

Article Premier

Le titre II du livre 1er du Code du travail et de la prévoyance sociale est complété par le chapitre suivant :

CHAPITRE V

De la convention collective de travail

Section I. — *De la nature et de la validité de la convention*

Art. 31. — La convention collective de travail est un contrat relatif aux conditions du travail, conclu entre, d'une part, les représentants d'un syndicat professionnel ou de tout autre groupement d'employés, et, d'autre part, les représentants d'un syndicat professionnel ou de tout autre groupement d'employeurs, ou plusieurs employeurs contractant à titre personnel ou même un seul employeur.

Elle détermine les engagements pris par chacune des parties envers l'autre partie et, notamment, certaines conditions auxquelles doivent satisfaire les contrats de travail individuels ou d'équipe que les personnes liées par la convention passent, soit entre elles, soit avec des tiers, pour le genre de travail qui fait l'objet de ladite convention.

Art. 31 *a*. — S'il n'y a clause contraire, les personnes liées par la convention collective de travail sont tenues d'observer les conditions de travail convenues dans leurs rapports avec les tiers.

Art. 31 *b*. — Les représentants d'un syndicat professionnel ou de tout autre groupement peuvent contracter au nom de la collectivité, en vertu :

Soit des stipulations statutaires de ce groupement;

Soit d'une délibération spéciale de ce groupement;

Soit des mandats spéciaux et écrits qui leur sont donnés individuellement par tous les adhérents à ce groupement.

A défaut, pour être valable, la convention collective de travail doit être ratifiée par une délibération spéciale de ce groupement.

Les groupements déterminent eux-mêmes leur mode de délibération.

ART. 31 *c*. — La convention collective de travail doit être écrite, à peine de nullité.

Elle n'est applicable qu'à partir du jour qui suit celui de son dépôt, soit au secrétariat du conseil des prud'hommes du lieu où elle a été passée, soit, à défaut de conseil des prud'hommes, ou, si les parties le stipulent, au greffe de la justice de paix de ce lieu, soit à tout autre secrétariat de conseil des prud'hommes ou greffe de justice de paix convenu par les parties.

Elle peut être déposée au secrétariat du conseil des prud'hommes ou au greffe de la justice de paix de tout lieu où elle doit être appliquée.

Les parties peuvent convenir qu'elle ne sera applicable, dans le ressort d'un conseil des prud'hommes ou d'une justice de paix, que si elle a été déposée au secrétariat de ce conseil ou au greffe de cette justice de paix.

Le ou les dépôts de cette convention ont lieu aux soins de la partie la plus diligente, à frais communs.

Le dépôt, prévu au paragraphe 2 du présent article, doit être considéré comme ayant été effectué lorsque, en vertu des dispositions de la loi du 27 décembre 1892, la convention collective de travail a été dressée par le juge de paix.

ART. 31 *d*. — Les parties doivent stipuler que la convention collective de travail est valable, soit en tous lieux, soit dans une région déterminée, soit dans une localité ou seulement pour un ou plusieurs établissements spécifiés.

A défaut, elle sera valable dans le ressort du conseil des prud'hommes ou de la justice de paix dont le secrétariat ou greffe aura reçu le dépôt de cette convention en vertu du paragraphe 2 de l'article 31 *c*, et elle ne sera valable dans le ressort d'un autre conseil des prud'hommes ou d'une autre justice de paix que si elle a été déposée par les deux parties au secrétariat de ce conseil ou au greffe de cette justice de paix.

SectionII. — *De la durée et de la résolution de la convention*

ART. 31 *e*. — La convention collective de travail peut être conclue :
Sans détermination de durée;
Pour une durée déterminée;
Pour la durée d'une entreprise déterminée.

ART. 31 *f*. — La convention collective de travail à durée indéterminée peut toujours cesser par la volonté de l'une des parties, à charge pour cette partie de se dégager dans les formes prévues à l'article 31 *m*.

Si l'une des parties comprend plusieurs groupements d'employés ou plusieurs employeurs ou groupements d'employeurs, la convention à durée indéterminée n'est résolue que par la renonciation, dans les formes prévues à l'article 31 *m*, du dernier de ces groupements d'employés ou du dernier de ces employeurs ou groupements d'employeurs.

ART. 31 *g*. — Lorsque la convention collective de travail est conclue pour une durée déterminée, cette durée ne peut être supérieure à cinq années.

ART. 31 *h*. — A défaut de stipulation contraire, la convention collective de travail à durée déterminée qui arrive à expiration continue à produire ses effets comme convention à durée indéterminée.

ART. 31 *i*. — Lorsque la convention collective de travail est conclue pour la durée d'une entreprise, si cette entreprise n'est pas terminée dans une période de cinq années, cette convention est considérée comme conclue pour cette dernière durée.

Section III. — *Des adhésions et des renonciations à la convention*

ART. 31 *j*. — Tout syndicat professionnel ou tout autre groupement d'employés ou d'employeurs ou tout employeur non groupé qui n'est pas partie à la convention collective de travail, peut y adhérer ultérieurement avec le consentement des parties contractantes.

Cette adhésion n'est valable qu'à partir du jour qui suit celui de sa notification, ainsi que de celle du consentement des parties, au secrétariat ou greffe où le dépôt de la convention a été effectué en vertu du paragraphe 2 de l'article 31 *c*.

ART. 31 *k*. — Sont considérés comme liés par la convention collective de travail :

1º Les employés et les employeurs signataires de ladite convention ainsi que ceux qui leur ont donné individuellement, par écrit, mandat spécial pour traiter en leur nom ;

2º Ceux qui, au moment où la convention est conclue, sont membres d'un groupement partie à cette convention si, dans un délai de huit jours francs à dater du dépôt prévu au paragraphe 2 ou au paragraphe 4 de l'article 31 *c*, ils n'ont pas donné leur démission de ce groupement, et s'ils n'ont pas notifié celle-ci, soit au secrétariat ou greffe où le dépôt a été effectué, soit au secrétariat du conseil des prud'hommes ou au greffe de la justice de paix qui aurait à juger les différends relatifs à leurs contrats de travail. Lorsque la convention a pour but de faire cesser une grève ou un lock-out, le délai ci-dessus est réduit à trois jours ;

3º Ceux qui sont membres d'un groupement adhérant ultérieurement à cette convention, si, à dater de la notification de l'adhésion prévue à l'article 31 *j*, ils ne se sont pas retirés de ce groupement dans les conditions et délais précisés au paragraphe précédent ;

4º Ceux qui, postérieurement au dépôt de la convention, entrent dans un groupement partie à cette convention ;

5º Les employeurs n'appartenant pas à un groupement partie à la convention, qui adhèrent directement à celle-ci, conformément aux dispositions de l'article 31 *j*.

ART. 31 *l*. — Lorsque la convention collective de travail est conclue pour une durée déterminée ou pour la durée d'une entreprise déterminée, sont seuls liés pour la durée déterminée ou celle de l'entreprise :

1º Les groupements parties à la convention, soit parce qu'ils ont participé à sa conclusion, soit parce qu'ils ont adhéré ultérieurement à cette convention ;

2º Les employés et les employeurs adhérents à la convention en vertu du 1º de l'article précédent, qui sont nominativement désignés dans la convention ou dont le mandat a été joint ;

3º Les employeurs adhérents à la convention en vertu du 5º de l'article précédent ;

4º Les employés et les employeurs, membres des syndicats professionnels ou de tous autres groupements parties à la convention, qui adhèrent directement pour la durée déterminée ou celle de l'entreprise, en le notifiant, soit au secrétariat ou greffe où le dépôt de cette convention a été effectué, soit au secrétariat du conseil des prud'hommes ou au greffe de la justice de paix qui aurait à juger les différends relatifs à leur contrat de travail.

Toute convention est considérée comme étant à durée indéterminée à l'égard des autres personnes qu'elle lie.

Art. 31 *m*. — Tout groupement d'employés ou d'employeurs ou tout employeur non groupé, partie à une convention collective de travail, conclue ou prorogée par tacite reconduction pour une durée indéterminée, peut, à toute époque, se dégager en notifiant sa renonciation à toutes les autres parties, groupements d'employés ou d'employeurs ou employeurs non groupés, avec lesquelles il a conclu et au secrétariat ou greffe où le dépôt de la convention a été effectué en vertu du paragraphe 2 de l'article 31 *c*.

Cette notification doit être faite un mois à l'avance, sauf stipulation contraire.

Lorsque, en vertu des dispositions de l'article 31 *f*, la renonciation d'un groupement ne doit pas entraîner la résolution de la convention, les autres parties, dans les dix jours qui suivent la notification qui leur a été faite, peuvent notifier également leur renonciation à cette convention, pour la date notifiée par le premier groupement.

La renonciation d'un groupement entraîne de plein droit celle de tous les membres de ce groupement, nonobstant toute convention contraire.

Art. 31 *n*. — Tout membre d'un groupement d'employés ou d'un groupement d'employeurs partie à une convention collective de travail,

Conclue pour une durée indéterminée,

Prorogée par tacite reconduction pour une durée indéterminée,

Ou considérée comme étant à durée indéterminée à son égard;

Peut, à toute époque, se dégager, à moins qu'il n'ait renoncé à cette faculté pour une durée déterminée, en se retirant de tout groupement partie à la convention et en le notifiant, soit au secrétariat ou greffe où le dépôt a été effectué, soit au secrétariat du conseil des prud'hommes ou au greffe de la justice de paix qui aurait à juger les différends relatifs à son ou à ses contrats de travail.

Cette notification doit être faite un mois à l'avance, nonobstant toute convention contraire.

Lorsque la convention collective de travail est prorogée par tacite reconduction pour une durée déterminée, tout membre d'un groupement restant partie à cette convention peut se dégager dans la huitaine qui suit la prorogation en se conformant aux conditions précisées ci-dessus.

Ces dispositions s'appliquent à toute personne qui, ayant démissionné de son groupement, est restée liée à la convention.

Art. 31 *o*. — Un employé ou un employeur ne peut renoncer, pour une durée de plus de cinq années, à se dégager d'une convention en cours.

Par une stipulation d'un contrat de travail, un employé ne peut renoncer à se dégager d'une convention en cours pour une durée supérieure à celle pendant laquelle son employeur est lui-même lié par la convention.

... d'un employé ou d'un employeur à se dégager ... jours ... valable ... qu'elle ait notifié soit ...
... ou le dépôt de la convention a été effectué, soit
... conseil des prud'hommes ou au greffe de la justice
... aurait à juger les différends relatifs à son ou à ses
... travail.

... — Est nulle toute convention par laquelle les employés
ou employeurs renonceraient à la faculté de répudier, dans les
cas prévus par les 2° et 3° de l'article 31 k ...
... convention collective de travail;
... mandat donné collectivement.

V. — Des effets et des sanctions de la convention

... — Lorsqu'un contrat intervient entre un employé et
... qui doivent, aux termes de l'article 31 k, être considérés
... l'un et l'autre aux obligations résultant de la convention
de travail, les règles déterminées en cette convention s'im...
... nonobstant toute stipulation contraire, aux rapports nés de ce
de travail.

31 ... — Lorsqu'une seule des parties au contrat de travail
considérée comme liée par les clauses de la convention collective, ces clauses sont présumées s'appliquer aux rapports
... de travail, à défaut de stipulation contraire.
... par une convention collective de travail, qui
... à l'égard des tiers, et qui aurait accepté, à l'égard de
... conditions contraires aux règles déterminées par cette
... peut être civilement actionnée à raison de l'inexécution
... par elle assumées.

... — Les groupements d'employés ou d'employeurs liés
... convention collective de travail sont tenus de ne rien faire
... à en compromettre l'exécution loyale;
... de cette exécution que dans la mesure déterminée

... — Les groupements capables d'ester en justice, liés
... convention collective de travail peuvent, en leur nom propre,
... leurs propres intérêts, contre autres groupements
... contre aux membres de ces groupements, à leurs
... contre toutes personnes liées par la convention qui
... engagements contractés.

... — Les personnes liées par une convention collective
... peuvent intenter une action en dommages-intérêts aux
... ou aux groupements liés par la convention qui
... leur égard les engagements contractés.

... — Les groupements capables d'ester en justice qui
... la convention collective de travail peuvent exercer
... actions qui naissent de cette convention en faveur de
... membres, sans avoir à justifier d'un mandat de
... que celui-ci ait été averti et n'ait pas déclaré
... peut toujours intervenir à l'instance engagée
...

— 156 —

Lorsqu'une action née de la convention collective de travail est intentée soit par une personne, soit par un groupement, les autres groupements capables d'ester en justice, dont les membres sont liés par la convention, peuvent toujours intervenir dans l'instance engagée, à raison de l'intérêt collectif que la solution du litige peut présenter pour leurs membres.

Section V. — *Dispositions diverses*.

Art. 31 *x*. — Sont valables les dispositions de la convention collective de travail par lesquelles les parties remettent à des arbitres, désignés ou à désigner dans des formes déterminées, le jugement de tout ou partie des litiges que peut faire naître l'exécution de cette convention.

Art. 32. — Toutes les notifications prévues par le présent chapitre sont centralisées au secrétariat ou greffe où a été effectué le dépôt de la convention prescrit par le paragraphe 2 de l'article 31 *c*.

Il est donné gratuitement communication à toute personne intéressée des conventions collectives de travail et des notifications y relatives.

Un décret fixe les émoluments des secrétaires et greffiers, le mode

Des copies certifiées conformes pourront lui en être délivrées à ses frais.

de recouvrement des frais et honoraires, le mode de centralisation des notifications prévu par le premier paragraphe du présent article et le mode de communication des conventions et des notifications.

Art. 2

Les articles 31 et 32 du livre 1er du Code du travail et de la prévoyance sociale prendront les numéros 30 *a* et 30 *b*.

Art. 3

Les dispositions concernant le dépôt de la convention collective de travail et les notifications y relatives ne seront applicables qu'après la promulgation du décret prévu à l'article 32 du livre II du Code du travail.

Les conventions en vigueur avant la promulgation de la présente loi resteront applicables, même si le dépôt de ces conventions et notifications y relatives n'ont pas été effectués.

BIBLIOTHÈQUE NATIONALE R. F. IMPRIMÉS

TABLE DES MATIÈRES

DEUXIÈME PARTIE

La loi du 25 mars 1919

BIBLIOTHÈQUE NATIONALE — IMPRIMÉS — R. F.

VERNEUIL-SUR-AVRE (EURE). — IMPRIMERIE HENRI TURGIS

EDITIONS SPES
17, rue Soufflot, PARIS (5e)

QUELQUES ÉTUDES SOCIALES

Ch. Antoine. — **Cours d'Économie sociale.** Un vol. in-8°, 768 p. . . . . 25 fr. franco

A. Valensin. — **Traité de droit naturel** — Tome 1er. Les Principes. 1 vol. in-8° coquille, 240 pages, 12 fr. . . 12 fr. 60 franco

A. Arnou. — **La Participation des Travailleurs à la Gestion des Entreprises.** 1 vol. grand in-8° de 224 pages, 15 fr. . . . . 15 fr. 50 franco

G. Legrand. — **La Conception du Droit, le Milieu Social et les Tendances de la Législation Européenne d'après Guerre**, 48 p. 2 fr. . . . . 2 fr. franco

A. P. — **Les Habitations à Bon Marché.** — Action légale. — Action privée. Une brochure 80 p. . . . . . 2 fr. 50 franco

A. P. — **Loi du 5 décembre 1922** codifiant la législation sur les habitations à bon marché. Une brochure, 36 p. . 1 fr. 50 franco

A. P. — **Le Syndicat Agricole.** Une brochure de 80 pages . 2 fr. 50 franco

A. P. — **Les Sociétés de Secours Mutuels.** Une brochure de 80 pages . . . . 2 fr. 50 franco

A. P. — **Le Jardin Ouvrier.** Une brochure de 32 pages . 1 fr. franco

A. P. — *Une Solution corporative:* **La Caisse autonome des ouvriers mineurs**, 20 pages . . . . 1 fr. franco

A. P. — **Les Actions de Travail** et les Sociétés anonymes à participation ouvrière, 16 pages . . . . . . 1 fr. franco

P. — **La loi sur la journée de huit heures**, 18 pages . 1 fr. franco

P. — **La législation internationale du travail**, 28 p. . 1 fr. franco

P. — **Les assurances sociales**, 68 pages . . . . 1 fr. franco

Zaleski. — **La Participation des Salariés à la Gestion et aux Bénéfices de l'Entreprise**, 16 pages . . . . 1 fr. franco

P. Durand. — **Chemins de Fer et Cheminots**, 76 pages . 1 fr. franco

P. Durand. — **Petit Guide pratique du Parfait Conseiller Prud'homme**, 16 pages . . . . 1 fr. franco

P. Durand. — **Petit Guide pratique des Habitations à bon Marché**, 52 pages . . . . 1 fr. franco

A. Albaret. — **Quel parti tirer de la Loi Astier**, 32 p. 1 fr. franco

J. Hachin. — **Ce que tout agriculteur doit savoir sur les impôts directs**, 35 pages . . . . 1 fr. franco

A. P. — **La Mutualité agricole**, 26 pages . . . . 1 fr. franco

A. Dienesch. — **Quelles formes légales adopter pour nos groupements**, 36 pages . . . . 1 fr. franco

www.ingramcontent.com/pod-product-compliance
Ingram Content Group UK Ltd.
Pitfield, Milton Keynes, MK11 3LW, UK
UKHW021255180726
13837UKWH00007B/431